Cornelius Jensen

Das Mädchen von der Hallig

Wahre Begebenheiten

Verlag Cornelius Jensen
25884 Sollwitt, Ruf 04843-651; Fax 04843-2640
4., verbesserte Auflage 1995

Satz: Detlef Lindenthal, 25856 Hattstedt
Druck und Bindung: Bäuerliche Druckerei, Hattstedt

ISBN 3-9804356-1-X

Am 24. März 1921, nach einer regnerischen Nacht, ist auch am Morgen noch das einsame Haus der Hamburger Hallig ganz in Grau gehüllt und hat, wie noch im Schlaf, seine Strohdachmütze tief über die Ohren gezogen. Johannes Volquardsen, der mit seiner Ehefrau Anna, einer Friesin von der Nachbarhallig Gröde, hier wohnt, ist vor die Tür getreten, um wie jeden Morgen und Abend nach dem Wetter zu sehen und von der Warft aus hinabzublicken nach seinen Schafen, die in großer Zahl auf der grünen Salzwiese weiden bis hin zur nahen Uferkante. Wie alle Tage am frühen Morgen gleitet sein Blick auch hinaus zum Wasser, dessen weißer Saum sich heute bei steigender Flut ganz gemächlich der Hallig nähert. Ohne auf einen Flutkalender zu schauen, trifft der erfahrene Halligbewohner die Feststellung, daß der jetzt noch bleigraue, breite Wattgürtel um die Hallig herum in etwa zwei Stunden im zwei Meter tiefen Hochwasser versunken sein wird und daß keinerlei Gefahr für die Schafe besteht. Beruhigt geht er zurück ins Haus und setzt sich in der Küche zu seiner Frau an den gedeckten Kaffeetisch, um in Ruhe zu frühstücken.

Doch nach ein paar Bissen krümmt seine Frau sich plötzlich unter heftigen Schmerzen und sagt: „Du mußt de Hebamm holen. Ick lech mi glieks henn."

Johannes fährt der Schreck in die Glieder. Er springt auf, holt die alte Halligstute aus dem Stall, besteigt sie eilends und trabt die Warft hinab in Richtung Bordelum, wo die Hebamme Frau Jansen wohnt.

Die brave Stute, Schleswiger Rasse, schwerblütig, hellbraunes Fell, weiße Mähne, weißer Schweif, hat bereits etliche Fohlen zur Welt gebracht. Es ist, als ob sie spürt, wie ernst die Situation ist, und sie gibt ihr Bestes. Das treue Pferd hat bei diesem Ritt den Grund dafür gelegt, daß ihm später viele Jahre lang das Gnadenbrot gewährt wird.

Als erfahrener Bauer weiß Johannes allzugut, daß bei Hochwasser, genauer gesagt beim Kulminationspunkt der Flut, nicht nur die Milch auf dem Herd überkocht, sondern auch bei Tier und Mensch, sofern eine Geburt sich anbahnt, der Zeitpunkt des Gebärens erreicht ist. Und plötzlich springt ihn der Gedanke an: ‚Bis zum Hochwasser sind es noch etwas mehr als zwei Stunden, bis zum Eintreffen der Hebamme auf der Hallig aber werden nahezu drei Stunden vergangen sein.' Obwohl es seiner feinfühligen Art völlig widerspricht, Tiere irgendwie gewaltsam anzutreiben oder sie gar zu schlagen, feuert er, sichtlich nervös geworden, sein Pferd zu immer schnellerer Gangart an.

Vom anhaltenden Regen in der Nacht ist der etwa sechs Kilometer lange Kleiweg bis hin zum ersten Deich tief aufgeweicht, überaus glitschig und nahezu unpassierbar. Es reiht sich Pfütze an Pfütze, alle gleichermaßen trübe, aber verschiedenartig tief. Bald sind Roß und Reiter durchnäßt und mit schmierigen Schlammspritzern überzogen.

Endlich ist der Reußenkoogsdeich erreicht. Für Roß und Reiter ist es angenehm, nun einen besseren Weg zu haben.

Die Stute spürt die Erregung ihres Herrn und fällt von allein in einen gemächlichen Zuckeltrab, mehr lassen ihre Kräfte nicht zu.

Als die Bewohner hinter den Fensterscheiben im Dorfe sehen, daß Johannes in den Weg zur Hebamme einbiegt, weiß bald jeder im Dorf, daß auf der Hallig ein Kind erwartet wird, denn die Nachricht verbreitet sich mit Windeseile.

Die nicht sehr große, aber recht korpulente Frau Jansen stellt einen Stuhl neben das Pferd und steigt hinauf, dabei ihre gefüllte Umhängetasche mit einer kurzen Handbewegung auf den Rücken befördernd. Sobald ihre langen Röcke hochgeschlagen und die Knie freigegeben sind, nimmt auch sie im Reitsitz hinter Johannes auf dem breiten Pferderücken Platz und kauert sich eng an ihren Vordermann. Der naßkalte Seewind bläst ihnen ins Gesicht. Trotz verdoppelter Last strebt die Stute hastig zurück zur Hallig.

Am letzten Deich angelangt, gewährt man ihr eine Atempause, denn die weißen Schaumflöckchen ihres Schweißes fliegen in immer größerer Anzahl im Winde davon.

Johannes blickt hinaus zum Hallighaus, dessen weiße Mauern schwach zu ihm hinüberleuchten. Nur ein kleiner Trost ist es ihm, daß seine einundzwanzigjährige Schwester Ingeborg dort zugegen ist, denn er ist sich ihrer völligen Unerfahrenheit in Sachen Geburtshilfe bewußt.

Der Rückweg übers matschige Vorland nimmt mehr Zeit in Anspruch als voraussehbar. Mit letzter Kraft wird schließlich die Warft erreicht. Mehr humpelnd als gehend streben beide den flachen Hang zur Haustür hinauf, und bevor sie diese erreichen, klingt ihnen das zarte, gläserne Schreien des Neugeborenen bereits entgegen. Ein Lächeln huscht über die Gesichter der strapazierten Reiter, die, augenblicklich zu neuer Kraft gelangt, dem Alkoven der niedrigen Halligstube zueilen. Die dort gebettete geschwächte Wöchnerin blickt die Hebamme flehentlich an und flüstert, kaum hörbar: „Nu help uns doch!" – Letztere, zum Bauern gewandt: „Mien witte Schört ut de Tasch!" und zu seiner Schwester: „Hitte Woter, aber'n bäten fix!" Durch gekonnte Handgriffe der Frau Jansen kommt alsdann die Geburt des ersten Mädchens, das bis dahin auf der Hamburger Hallig das Licht der Welt erblickte, zu einem guten Ende. Es erhält den Namen Christine.

Christine wächst auf der Hallig heran und ist es gewohnt, sich mit sich allein zu beschäftigen. Vater und Mutter sind in ihrer Alltagsarbeit eingespannt, und für den drei Jahre älteren Bruder ist es unter aller Würde, sich mit einem Mädchen abzugeben oder gar mit ihm zu spielen. Anlagemäßig bedingt, ist all ihr Sinnen und Trachten von frühester Kindheit an auf die Halligwirklichkeit hin ausgerichtet. Nie hat sie eine Puppe besessen, deren Anschaffung die Eltern Geld gekostet hätte. Nie hat sie ein mit einem Gesicht bemaltes und mit einem Tuch bekleidetes Stück Holz in ihrer Phantasie zu einer Puppe beseelt und als solche angenommen. Die Wirklichkeit ihrer Umwelt bietet ihr so viel zu entdecken, zu bewundern, zu tun, daß,

Das alte Hallighaus mit Fehting

obwohl immer nur auf sich gestellt, nie Langeweile aufkommen kann.

Barfuß, in langem Röckchen, so lang, um mehrere Jahre getragen werden zu können, von der ganzen Pracht unzähliger rosa Strandnelken umgeben, sitzt das vierjährige Mädchen warftabwärts im kurzen, grünen Gras, vernehmlich grasrupfende Schafe und Lämmer um sich herum, und beobachtet fasziniert einen Marienkäfer, dessen Gesellen, alle im schwarzgepunkteten, roten Panzerröckchen, zur Sommerzeit in unermeßlicher Anzahl die Halligflur bevölkern. Auf allen Vieren kriecht das Kind hinter dem davoneilenden Tierchen her, bis dieses den kräftigen Halm einer Bondestabe erklettert, wohl in der Absicht, von der erhöht im Winde schwankenden blauen Blüte auf- und davonzufliegen. Doch dazu kommt es nicht. Behutsam lehnt die kleine Prinzessin von der Hallig ihre Hand an die Blüte und erreicht tatsächlich, daß der kleine Sechsbeiner auf diese hinüberkrabbelt. Dann allerdings ist es soweit, die zwei gerundeten roten Panzerklappen werden gelüftet, zum Vorschein kommen die zarten gläsernen Flügel, die sich sogleich entfalten – und wie im Triumph fliegt das Tierchen davon.

Das Kind steht auf und geht zum nahen Wassergraben. Ein schmales Brett führt hinüber, auf dem es vorsichtig Platz nimmt, um dann die Beine nahezu knietief ins Wasser hinabbaumeln zu lassen. Das Wasser im Graben strömt langsam heran und vorbei. Es umschmeichelt förmlich, angenehm temperiert, die Beinchen des Kindes. Holzstückchen kommen herangeschwommen, und blanke

Das Haus der Hamburger Hallig vor seiner Restaurierung;
Johannes Volquardsen
mit seine Kindern Volquard, Christine und Bernhard

Bläschen bewegen sich auf dem Wasser, die nach und nach zerplatzen. Das Kind kann sich nicht satt sehen. Und dann geschieht ein Wunder: Das Wasser fließt immer langsamer, und plötzlich steht es still! Die Bläschen halten an und verweilen an ein und derselben Stelle. Das Kind staunt und weiß nicht, daß es in diesem Augenblick dem Herrgott über die Schulter schaut und eines seiner Wunder erlebt.

Und wieder geschieht ein Wunder: Das Stückchen Holz, eben erst unter dem Mädchen hindurchgeschwommen, kommt langsam, ganz langsam wieder in Bewegung, schwimmt in entgegengesetzter Richtung an den Beinchen vorbei und zieht davon. „Dat is de Flot, de kummt un geiht", so beantwortet die Mutter ein wenig später die Frage des Kindes, als könne es nichts Selbstverständlicheres geben auf der Welt.

Das schmale Brett wird ein Lieblingsplatz des Mädchens. Alle Tage erlebt es hier das Kommen und Gehen des Wassers, Ebbe und Flut, das größte Schauspiel der Küste, viel Segen bringend und nicht minder Kummer und Not.

Christine springt auf, vor lauter Lebenslust läuft sie mit fliegendem Röckchen ein Stück über die grüne Ebene, hüpft etliche Male über einen Grüppel hin und her, bis sie plötzlich am Rande desselben in der Hockstellung verharrt. Ihr waches Auge hat im abziehenden Wasser kleine, blanke Tierchen entdeckt, die blitzschnell kreuz und quer hin- und herflitzen. Im Nu auf dem Bauche liegend, beide Hände griffbereit dicht über dem Wasser, packt sie plötz-

Christine und Bruder Volquard

lich zu, und schon hat sie zwei dieser geisterhaften kleinen Wesen gefangen. Sie springen und zappeln in ihren hohlen Händen, und das verbliebene Wasser spritzt ihr ins Gesicht. Sobald ihre aufgeregten Bewegungen langsamer werden und sie nur noch in Abständen ihre Schwänze auf- und abschlagen, gelangen sie zurück in ihr nasses Element und werden wieder in die Freiheit entlassen.

Über der luftigen Weite trillert unablässig die Halliglerche ihr Lied. Und nun fängt auch Christine an zu singen. Sie singt mit hoher, gläserner Stimme ihre eigenen Melodien, im Augenblick geboren. Notenfolge und Intervalle sind gewagt und einmalig. Auch ein begabter Musikus hätte sie nicht einfangen und aufzeichnen können. Sie verwehen und verhallen, von keinem vernommen, in der unendlichen Weite der Halligeinsamkeit. – Christine hat ihre Mutter nie singen hören, ihren Vater noch weniger, FRISIA NON CANTAT, aber *sie* singt.

Wenige Meter vor dem Haus ist der Fehting, das Entenparadies. – Auf der Hamburger Hallig ist man nicht auf das abgestandene Regenwasser dieser Kuhle angewiesen, weil eine unterirdische Süßwasserader vom Stollberg bis hin zur Halligpumpe verläuft. Christine weiß, wo sich am Rande des Teiches die Bruthöhlen befinden, und freut sich alle Jahre wieder auf das Schlüpfen der Küken. Ganz behutsam nimmt sie das kleine, gelbflaumige Knäuel in die Hand, hält es, beruhigend auf es einredend, in liebevoll schmusender Art an Wange und Ohr, bis sein Piepen zu laut wird und die Alte herbeieilt. Dann setzt sie das warme Tierchen mit den naßkalten Füßchen schnell zu Boden und ergreift die Flucht.

Acht Hühner haben ihre Etagenwohnung in einem gezimmerten Verschlag über der Schweinebucht. Zu ihnen gehört auch Tusnelda, ein außerordentlich kluges Tier, dem Christine ihre besondere Aufmerksamkeit widmet. Tusnelda läßt sich jederzeit von ihr greifen und betätscheln, wobei ganz unauffällig von Christine nachgefühlt und mit der Zweifingerprobe festgestellt wird, ob ein Ei zu erwarten ist. Ist das der Fall, so lassen die beiden sich nicht aus den Augen, tun zwar achtlos, aber schielen stets nacheinander hin. Obwohl das Huhn täglich den Platz fürs Ei wechselt, kommt Christine ihm doch stets auf die Schliche. – Im Alter bricht Tusnelda sich aus unerklärlichen Gründen ein Bein, und Christine besteht darauf, daß es geschient wird. Doch bald darauf verstirbt das Tier, von ihrer Kumpanin sehr betrauert.

Großen Respekt zollt das Halligmädchen dem großen, grauen Ganter, denn der holt die Flüchtende im Laufen ein und beißt sie in den Hintern. – Einmal ist Besuch vom Festland zugegen, und Christine spielt friedlich mit dem mitgebrachten kleinen Jungen. Dieser aber beißt sie plötzlich in die Backe, so heftig, daß die Wunde stark blutet und lange Zeit eine Narbe hinterläßt. Aufgrund dieser ersten schmerzlichen Erfahrung im Umgang mit dem anderen Geschlecht, ergreift sie eine tiefe Abneigung dagegen, die über Jahre hinaus anhält.

Kleine Unarten des Kindes werden im Keime erstickt, indem die Mutter sagt: „Op de Muschelbank wohnt en

Hund mit Flügeln!“ oder der Vater: „Wi verkopen di na Pellworm!“ Das ist die Nachbarinsel, deren Konturen sich bei einem Blick übers Meer am Horizont schwach abzeichnen. Christines Fuß hat bis heute dieses Eiland nicht betreten.

Christines Kindheit steht unter einem guten Stern und wird weitgehend geprägt von ihrem ständigen Umgang mit den Arbeitern der Halligbefestigung und Landgewinnung sowie dem Schäfer ihres Vaters namens Nikleu Danielsen.

Nikleu ist eine treue Seele und hat achtzehn Jahre lang die Halligschafe gehütet. Er wohnt auf der Hallig, hat seine Kammer neben der Küche und stets vollen Familienanschluß. Der kleinen Christine nimmt er sich besonders liebevoll an und gibt seine schlichten Lebensweisheiten für die Behandlung von Tier und Mensch an das Mädchen weiter. Christine steht neben ihm, wenn ein Lamm zur Welt kommt, und schon in frühem Alter muß ihre kleine Hand im Notfall Geburtshilfe leisten. Steht Nikleu irgendwo auf dem Vorland, um Trinkwasser in einen Holztrog zu pumpen, und die Kleine nähert sich ihm, dann ruft er schon von weitem mit singender Stimme, den hellen, hohen Ruf eines Meeresvogels nachahmend: „Dideliet, Dideliet“ und lockt sie zu sich heran. Gebürtig aus Bredstedt, ist er ein echter Friese, stur, hartnäckig und linientreu. – Einmal besteht zwischen ihm und Christines Großvater Meinungsverschiedenheit darüber, wie das selbst geschlachtete Rind zerteilt werden soll. Der Schäfer will das Rückgrat der Länge nach durchsägen, der

Eine Buschlahnung (Schlickfänger)
FOTO: TREBING

Großvater aber bringt einen Schnitt links und rechts vom Rückgrat an. Daraufhin hat Nikleu ein ganzes Jahr lang kein Stück von dem Fleisch gegessen.

Wenige Meter südlich des Hallighauses steht ein kleines reetgedecktes Steinhaus, dem Fiskus gehörend, das in damaliger Zeit den Wasserwerkern während der Arbeitswoche als Unterkunft dient. Auf dem Festland wohnend, kommen sie am Montagmorgen auf dem Rad angefahren, mit Proviant für die ganze Woche versorgt, und radeln am Sonnabend wieder heim. Das sind Christines Freunde. Sie bringen Abwechslung in ihre eintönigen Kindertage und werden noch heute von ihr hoch geschätzt.

Kaum haben sie ihre Rucksäcke vom Rad abgeschnallt, stellt Christine sich ein, um zu sehen, was sie ihr mitgebracht haben. – Hans Hemmsen aus Ockholm holt ein großes Weißbrot mit Rosinen hervor. Davon erhält sie jeden Tag eine Schnitte, fein mit Butter bestrichen. Etwas derart Delikates kommt im eigenen Elternhaus nie auf den Tisch. Sie läßt es sich schmecken, bis eines Tages einer der Anwesenden sagt: „Mensch, Dinlein, dat Schwarte in de Kook sind doch Lämmerkötel un keen Rosinen." Nie nahm sie davon wieder einen Bissen in den Mund.

Nikleu Lük vom Süderdeich holt eine Tüte Bonbon hervor, von seiner Frau eigenhändig für ihn eingepackt. Auch davon erhält Christine ihren Teil. Da die Tüte für eine ganze Woche reichen soll, bleibt einschränkend zu berichten, daß Nikleu jeweils zuerst selbst ein Weilchen genüßlich an jedem Stück lutschte. Danach muß Christine dann

Eine Buschlahnung, fast gänzlich zugeschlickt

FOTO: TREBING

ihr Mündchen öffnen, und er schiebt ihr das Überbleibsel hinter die Zähne.

Das kleine Mädchen von damals erinnert sich heute noch gut daran, daß Nikleu Lüks so sehr begehrte Bonbons stets einen stark kräuterigen Geschmack hatten. Kein Wunder, denn dem aufmerksamen Beobachter entging nicht, daß seine rechte Backe stets geschwollen zu sein schien, weil ein großes Stück Kautabak während des ganzen Tages dort seinen Platz hatte. – Das Unglück will es, daß der besagte Nikleu auch Jäger ist, eines Tages eine Wildente schießt und Christine ihm beim Ausnehmen derselben zuschaut. Er läßt die Luftröhre am Kopfe stecken, nimmt das blutige Ende in den Mund und pustet hinein. Dicht vor den Augen des erstaunten Mädchens klappt dabei der Schnabel auf und zu, und lautes Gequarke ist vernehmbar. Nie wieder hat Christine ein Stück Bonbon aus Nikleus Munde angenommen.

Wenn die Wasserwerker die Pfähle der Schlickfänger einrammen, Buschwerk dazwischenflechten oder im angeschwemmten Wattland mit ihren langen, schmalen, blanken Spaten Gräben und Grüppel auswerfen, damit die Flut schneller ablaufen kann, steht Christine dabei, guckt ihnen zu und unterhält sie mit kindlichen Fragen und Antworten. Am Feierabend bleibt bei stillem Wetter das Werkzeug an Ort und Stelle liegen, um am nächsten Morgen gleich wieder zur Hand zu sein. Christine entgeht dabei nicht, wo Hammer und Nägel ihren Platz finden, und danach stellt sie sich wieder ein, um lustig selbst daraufloszuhämmern und alle blanken Nägel und Krampen ins Holz zu treiben, so daß schließlich nur der Hammer liegenbleibt. Jeder weiß, welches Heinzelmännchen dort als Meister Hämmerlein am Werk ist, aber nie zieht man es zur Rechenschaft. Christine aalt sich förmlich in der Gunst ihrer Freunde, die den ganzen Tag über schwer arbeiten, am Abend müde sind und bestenfalls, bevor sie sich in ihren Etagenbetten niederlegen, bedächtig ihre halblange Krüllschnittpfeife rauchen oder mal gemeinsam einen Teepunsch trinken. Den in Akkordarbeit sauer verdienten Lohn bringen sie auf Heller und Pfennig am Wochenende ihren Frauen heim. So geht es Woche für Woche, Jahr um Jahr, ein ganzes Leben lang, und diese ehrlichen, rechtschaffenen, aufrichtigen Menschen werden alt und grau dabei. Bis auf den heutigen Tag gedenkt Christine ihrer mit größter Verehrung und Hochachtung.

An schönen Sommertagen, wenn ein fächelnder Seewind die Glieder kühlt, nimmt das größer gewordene Kind auch mal alleine seinen Weg auf das unendlich weite Watt hinaus. Es ist so angenehm erfrischend, den nackten Fuß auf den sanftwelligen Boden zu setzen, der dicht bei dicht mit schier unzählbar vielen kleinen Erdhäufchen des Pierwurms besät ist. Dieser geheimnisvolle Bewohner des Watts, kleinfingerdick und etwas weniger als zwei Handbreiten lang, baut und bewohnt eine U-förmige Röhre, zieht am Kopfende das Schlickwasser in sich hinein und scheidet die unverdaulichen Sedimente als endlos lange, zu einem stattlichen Häufchen aufgetürmte dünne Wurst wieder aus. Dieses den Schlickboden lockernde, durchlüftende, umschichtende Vorhaben wird während der Flutzeit millionenfach von diesem unterirdischen Pionier ganz im stillen bewerkstelligt. Wer der weichenden Flut auf dem Fuße folgt und wie Christine ein Auge hat für derartig minuziöse Geschehnisse, kann den Augenblick erleben, wie sich ein solches Wursthäufchen, einem lebendig sich windenden, gelbfarbenen Wurm nicht unähnlich, in wenigen Sekunden aus dem feuchten Schlick emportürmt.

Der Blick des leichtfüßig einherschreitenden Mädchens ist heute nicht auf die Erdhäufchen gerichtet, auch die schwarzen Köpfe der aus dem Schlick emporragenden Bohlenreihe der 1634 untergegangenen Schleuse des Amsinckkooges werden nicht beachtet, sondern es blickt hinaus zum blanken Saum des Wassers der kommenden Flut. Sobald es diesen erreicht hat, wird es wie stets in den Bann des Geschehens gezogen, nicht ohne daß ein wenig Angst emporsteigt. Die steigende Flut nämlich ist für das Kind beseelt. Es ist, als ob ein geheimnisvolles Ungeheuer mit vielen beweglichen, länglich spitzen Zungen das trokkene Watt beleckt und, wie eine Schlange mit etlichen Köpfen vielfach züngelnd, den rechten Weg erkundet, mal langsam tastend, mal schnell in kleine und kleinste Vertiefungen vorstoßend, bevor sein riesiger, glänzender, flacher Leib es in ganzer Breite verschluckt, in Besitz nimmt und nicht wieder freigibt. Das Kind läßt in wohltuender Weise seine Füße von den Zungen betasten, hütet sich aber davor, dieselben von dem eigentlichen Wasserleib schmeichelnd umspülen zu lassen, denn es spürt die Freßgier desselben, alles zu verschlingen, was sich seinem stetigen Vorwärtsdrängen in den Weg stellt. – An diesem windstillen Tage, an dem nur hin und wieder ein Hauch die Was-

Christine mit zwei ‚Söckern'

seroberfläche kräuselt, kann das Mädchen bequem mit der nur ein bis zwei Zentimeter tiefen vordersten, zusammenhängenden, auf leisen Sohlen herankommenden Flutwelle Schritt halten, dabei stets auf der Hut, nicht von ihr überholt zu werden. Mutters Warnung: „Bist du erst mit de Föt in't Water, leppt de Floot gauer as du, un du versüppst!" wird nie von ihr in den Wind geschlagen.

Nachdem die kleine Wattwanderin die letzten dreißig Meter unmittelbar vor der Steinuferböschung, wo der Boden aufgeweicht und die Flut, in weitem Bogen ausholend, ihr zuvorgekommen ist, wo sie bis über die Knie im Wasser versinkt und eine plötzliche, starke seitliche Strömung sie nahezu umwirft, glücklich überwunden hat, krabbelt sie erleichtert auf allen Vieren über die großen, heißen Steine hinauf aufs sichere Ufer. Das Herz klopft laut in der Brust, aber sie genießt die Genugtuung, wiedermal ganz alleine mit der Flut um die Wette gelaufen zu sein und dabei gesiegt zu haben. Wo noch vor etwa einer Stunde, soweit das Auge reichte, das Watt in seiner unübersehbaren Weite dem Mädchen zu Füßen lag, dehnt sich jetzt bis an den fernen Horizont, der nicht genau auszumachen ist, weil Himmel und Wasser in blaugrauer Farbtönung ineinander verschwimmen, eine glitzernde Wasserfläche, deren gemächlich ausrollende Wellen gleichmäßig gegen die Steinböschung schwappen. Je höher die Flut steigt, schließlich werden zwei Meter erreicht sein, um so bewegter wird die Wasseroberfläche. Als vereinzelt Spritzer das Mädchen erreichen, erhebt es sich und geht langsam, über das Erlebte noch ganz in Gedanken versunken, zur Warft hinauf.

„Nun helft uns doch!“

Das Schaf liegt auf dem Rücken. Wenn keine Hilfe kommt, muß es verenden.

FOTO: TREBING

In der schönen Halligeinsamkeit wächst Christine weiter heran, mit wachen Blicken für das, was um sie herum geschieht, stets gut Freund mit allem, was da kreucht und fleucht. Besonders den Schafen und Lämmern wendet sich ihr Interesse mehr und mehr zu. Sie beobachtet dabei ihr Äußeres, ihre Besonderheiten, besonders ihren Kopf so intensiv, daß sie vor allem die Mutterschafe, die ständig in der Nähe des Hallighauses weiden und bei Landunter auf die Warft geholt werden, kennt und voneinander unterscheiden kann, und das bei einer stattlichen Anzahl. Für sie hat jedes Schaf seinen eigenen Gesichtsausdruck. Mögen gelbe Augenfarbe und auch die große, schwarze, längliche Pupille bei den einzelnen Tieren einander noch so sehr gleichen, jedes hat seinen individuellen Blick, der dem aufmerksamen Mädchen Schlauheit oder Dummheit, Gutmütigkeit oder Bosheit verrät. Diese Gabe, Eigenart und Charakter eines Tieres erkennen und wiedererkennen zu können, wurde Christine in die Wiege gelegt, denn seit Jahrhunderten waren ihre Vorfahren versierte Viehzüchter.

Erst fünf Jahre alt, begleitet sie ihren Vater immer häufiger bei seinem Rundgang zu den Schafen. Wenn der Wind ihnen dabei heftig ins Gesicht bläst, erfaßt sie mit festem Griff den kurzen Gürtel am Rückenteil seiner Jacke, läuft im Windschatten hinter ihm und läßt sich ziehen. Gemeinsam helfen sie, wenn ein Schaf auf dem Rücken liegt und sich nicht erheben kann. Gemeinsam suchen sie Graben für Graben ab, ob keines im Schlamm steckengeblieben ist. Auch werden die über die Hallig verteilten Holztröge angesteuert und voll Brackwasser gepumpt. Wird ein Lamm von der Schafmutter verstoßen und nicht gesäugt, ergeht an die Fünfjährige die Aufforderung, es mit der Flasche großzuziehen und in regelmäßigen Abständen mit Milch zu versorgen. Diese kleinen ‚Söcker' kommen herbeigerannt, wenn Christine sie mit Namen ruft, und tanzen und hüpfen um sie herum. Es ist ihr eine Freude zu sehen, wie gut es ihnen schmeckt, was durch eifriges Wackeln mit dem Schwänzchen zum Ausdruck kommt.

Stets nimmt Christine sich erkrankter Lämmer an und versucht, sie durch besondere Pflege wieder gesund zu machen, was aber nur in wenigen Fällen gelingt.

Bevor Christines Lebensweg weiter beschrieben wird, folgen nun einige Darlegungen zur Geschichte der Hallig.

Die Hamburger Hallig hat ihren Namen nach den beiden Hamburger Kaufleuten Rudolf und Arnold Amsinck. Diese kaufen im Februar 1624 an der Nordostküste der Insel Altnordstrand ein großes Gebiet Vorland, um es einzudeichen und für Ackerbau und Weide nutzen zu können. Nach unsäglichen Mühen und wiederholten Rückschlägen, verursacht durch den Blanken Hans, bei der sie fast ihr gesamtes Barvermögen aufopfern, wird 1627 der feste Seedeich um den Amsinckkoog fertiggestellt. Danach schüttet man auf dem Vorlande eine hohe Warft auf und baut darauf ein großes Haus, das ‚Hamburger Haus'. In der verheerenden Sturmflut vom 11. Oktober 1634, in der 6200 Menschen und 50000 Stück Vieh Altnordstrands ertrinken und zwei Drittel der Landmasse untergehen, bleibt das ‚Hamburger Haus' erhalten. Bereits 1661 jedoch muß es durch einen kleineren Neubau an gleicher

Stelle ersetzt werden. Aber auch dieses Haus mitsamt der Warft muß wegen großer Landverluste 1699 nach nur achtunddreißig Jahren wieder abgerissen werden und findet seinen Platz dort, wo sich das heutige Hallighaus befindet. In der großen Flut in der Nacht vom 3. auf den 4. Februar 1825 wird dieses neue Haus fast völlig zerstört.

Nachfolgend wird versucht, wiederzugeben, was Augenzeugen in mündlicher und schriftlicher Überlieferung über diese Schreckensnacht berichtet haben.

Zu damaliger Zeit befindet sich die Hamburger Hallig, damals eine Insel ohne Verbindung zum Festland, im Besitz der dort wohnhaften Familie Broder Pay Brodersen (gest. 1843). Am Tage der großen Flut ist Hochwasser für null Uhr Mitternacht angesagt. Als Broder Brodersen vier Stunden vorher vor die Haustür tritt, um nach dem Wetter zu sehen, ist die Hallig bereits unter Wasser gelaufen, und die Wellen klatschen an den Fuß der Warft. Die große Gefahr erkennend, beginnt er sogleich, Haus- und Stalltür mit bereitgestellten Sandsäcken notdürftig abzudichten. Auch wird das Feuer im Herd und Beilegerofen gelöscht.

Das Wasser steigt und steigt. Mensch und Tier geraten immer mehr in Angst. Windgeschützt, ostwärts des Hauses hat ein großer Heudiemen seinen Platz. Ein solcher hat schon bei früheren Katastrophen Halligbewohner vor dem Ertrinken gerettet. Nach folgenden Worten, von Brodersen an seine Frau gerichtet, die ihr jüngstes Kind auf dem Schoße hält: „Mudder, wi bringen di un dien Kind, in Bettüch un warme Däkens hüllt, op de Heukloot. Dor is de säkerste Platz", und so geschieht es. – Durchweg wird so ein vierkantiger Heuhaufen mit vier Holzständern gesichert, die durch eine mit Teerpappe benagelte Holzplatte abgedeckt sind, die sich je nach Diemenhöhe verstellen läßt.

Voller Ungestüm schlagen die Wellen gegen das Haus. Immer stärker dringt das Wasser durch Spalten und Ritzen nach drinnen, – und die Flut wird etwa noch zwei Stunden lang ansteigen. Plötzlich schlägt eine Sturzsee voller Wucht gegen das Haus, zertrümmert die Westmauer und wirft im Pesel alle Möbelstücke durcheinander. Noch halten Tür und Wand zur angrenzenden Wohnstube, wo die Familie bis auf Mutter und Kind versammelt ist. Da donnert eine weitere schwere Sturzsee heran und bringt auch die Südmauer der Wohnstube zum Einsturz. Vater Brodersen reißt die zwei älteren Kinder aus dem Alkovenbett, wo sie in voller Kleidung unter warmen Kissen ausgeharrt haben, und will mit ihnen die Leiter besteigen, die zum Dachboden hinauf führt. Im knietiefen Wasser aber stürzt er hin. Dabei entgleitet ihm das kleine Mädchen ins kalte Naß, und es wird sogleich bewußtlos. Zum Glück ist ein junger Matrose namens Sönke Petersen zugegen. Ihm gelingt es, nicht nur das Mädchen, sondern auch die anderen auf den niedrigen Heuboden aufs Trockene hinaufzuheben.

Seit Jahrhunderten besteht der Brauch, Dach und Dachboden des Halligenhauses auf massiven, tief in der Erde verankerten Eichenständern ruhen zu lassen, die sich auch bei einstürzendem Mauerwerk als sichere Träger des Dachstuhls erweisen. Zur Winterszeit ist, wie auch in unserem Falle, der Boden vollgepackt mit Heu, dessen Gewicht ihm eine zusätzliche Festigkeit verleiht.

Man reibt dem kleinen Mädchen Hände und Füße, und bald schlägt es wieder die Augen auf. Die nassen Kleider werden gewechselt. Man hat vorgesorgt und neben Mundvorrat auch Kleidungsstücke auf den Boden gebracht. Im warmen Heu läßt sich gut aushalten, wenn nur die Angst nicht wäre!

Der Sturm erreicht seinen Höhepunkt und zerstört auch einen Teil des Strohdaches. Weitere heranbrausende Wellen bringen die Stallmauer zum Einsturz und begraben die Haustiere unter sich, so daß ihr ängstliches Gebrüll verstummt. Rinder und Schweine ertrinken, sogar auch drei Pferde. Wie ein Wunder gelingt es einem einzigen Pferd, am Leben zu bleiben, indem es die Vorderbeine auf einem Mauerstück abstützt und so während langer Zeit Hals und Kopf über Wasser halten kann. In gleicher Weise vermag eine Kuh, sich vorm Ertrinken zu bewahren.

Etwa eine Stunde früher als vorausgesagt, hört die Flut auf zu steigen. Die Schwankungen des Dachstuhls und das Ächzen des Gebälks werden geringer. Die Menschen atmen auf in ihrer Not. Um zwei Uhr nachts ist der Wasserstand soweit gefallen, daß Brodersen und der Matrose vom Boden hinabsteigen können, um das erschreckende Ausmaß der Vernichtung ins Auge zu fassen. Den gesamten Hausrat sowie die meisten Tierkadaver hat der Blanke Hans mit hinausgenommen ins offene Meer. Doch alle Menschen, auch Mutter und Kind auf dem Heudiemen, leben. Der Fehting ist voll Salzwasser gelaufen. Die Wasserreserve auf dem Boden reicht nur für wenige Tage. Die einzige überlebende Kuh aber spendet warme Milch für die Kinder. Das Strohdach wird notdürftig abgedichtet, und das Heu wärmt wohlig alle miteinander.

Da das gesamte Brennmaterial durchnäßt ist, kann kein Feuer angemacht werden. Erst am dritten Tag nach der Katastrophe tritt stilles Wetter ein. Das Watt wird bei Ebbe wieder passierbar, und es gelingt allen, zu Fuß das Festland zu erreichen.

Dort erlangen die Geschädigten dann alle erwünschte Hilfe und materielle Unterstützung. Der Wiederaufbau des in einer Nacht Zerstörten beginnt sogleich. Bald kann die ganze Familie Brodersen auf ihre Hallig zurückkehren, um dem Blanken Hans weiterhin zu trotzen. ‚Trutz, Blanker Hans!'

1857 wird damit begonnen, erste Buschlahnungen vom Louisenkoogsdeich aus in Richtung Hamburger Hallig im Watt anzulegen, die nach einem Jahrzehnt zähen Ringens mit dem Blanken Hans die Hallig erreichen. Die dadurch erfolgende Landanschlickung war über Erwarten groß, und bereits 1875, nach nur einjähriger Bauzeit, war ein 4,3 Kilometer langer Erddamm, dessen Krone 1,50 Meter über NN – mittleres Niedrigwasser bei einer Springflut – lag, zur Hallig hinüber fertiggestellt. Durch die 1923 bis 1925 erfolgte Eindeichung des Sönke-Nissen-Koogs ist die Länge des Verbindungsdammes auf 3,3 Kilometer verkürzt worden.

1878 kaufte der Fiskus die Hamburger Hallig und befestigte 1880 bis 1881 die gefährdete Uferkante seewärts durch eine Steinböschung. Dadurch erhielt die Hallig eine Brückenkopffunktion in Hinblick auf den Damm und die so überaus erfolgreiche Landgewinnung. Aus der kleinen unbedeichten Insel wurde eine Halbinsel mit großen, grünen Vorländereien.

Der Dammbau selbst aber ist an der Westküste als erstes Pionierstück auf diesem Gebiet in die Geschichte eingegangen. ‚Gott schuf das Meer, der Friese das Land.‘

Doch wie wird es weitergehen? Eine Betrachtung des Flutpegelpfahls auf der Hallig veranschaulicht unmißverständlich, daß die großen Sturmfluten immer höher und bedrohlicher werden. An dieser Tatsache ändert sich leider auch gar nichts, wenn der Mensch inzwischen glaubt, die Ursachen für den Anstieg des Meeresspiegels gefunden zu haben. Auf jeden Fall tut sich die bange Frage auf, ob letztendlich nicht alle Landgewinnungs-, Uferbefestigungs- und Deicherhöhungsarbeiten auf lange Sicht ein Sisyphusvorhaben darstellen.

Die höchste Sturmflut, die bisher die Hamburger Hallig heimsuchte, war am 3. Januar 1976. Obwohl die Warft 1964 seewärts einen Schutzwall mit einer Kronenhöhe von 6,80 Meter über NN erhalten hatte, schlugen die Wellen die Fenster des Hallighauses ein, und das Wasser stand 70 Zentimeter hoch in der Wohnung der Familie Walter Hecker. Die Verwüstung im Haus war verheerend, aber die Mauern des 1964 restaurierten, erweiterten und mit

Der Sturmflut-Pegelpfahl auf der Hamburger Hallig:
1362 – 1634 – 1825 – 1962 – 1976

einem erhöhten, auf Eisenbetonständern ruhenden Schutzraum versehenen Hauses hielten stand.

Nach diesem Ausblick auf die Geschichte der Hamburger Hallig, in welchem deutlich wird, daß die Bewohner stets gefährlich leben, wird nun Christines Lebensweg weiter beschrieben.

Während ihrer frühen Kindheit gibt es dort weder Telefon noch Radio. Der Postbote aus Bredstedt bringt nur einmal wöchentlich Post und Zeitungen. Da es demzufolge auch keine Sturmwarnungen gibt, verläßt man sich auf eigene Erfahrungen in der Wettervorhersage.

Auch bei verhältnismäßig gutem Wetter kommt es vor, daß über die Hallig plötzlich Landunter hereinbricht, so daß es nicht immer gelingt, Schafe und Rinder rechtzeitig in Sicherheit zu bringen. Besonders bei den Jungvögeln spielen sich dann zu Herzen gehende Szenen ab, weil diese weder schwimmen noch fliegen können.

Christine hat gesehen, daß sich in kurzer Entfernung vor den Küchenfenstern, auf dem schwachhöckerigen Grünlandgelände, wo sie jeden Morgen frisch gelegte Eier der Sturmmöve für den Frühstückstisch holen darf, etliche Gelege befinden. Die Jungen der Austernfischer sind dort schon geschlüpft und werden von den Alten ängstlich gehütet.

Als nun die Hallig plötzlich unter Wasser läuft, ist Christine sehr besorgt um das Schicksal der Jungvögel. Sie hockt am Küchenfenster und beobachtet, wie die Vogeleltern sich bemühen, ihre Jungen auf die erhöhte Warft zu

Ein Austernfischer
schützt seine zwei Junge vor der steigenden Flut

locken. Ängstliche, schrille Schreie ausstoßend, trippeln sie immer wieder ein Stückchen vor ihnen her, bleiben stehen, wenden den Kopf rückwärts zu ihnen hin, hocken sich nieder, locken zärtlich immerzu, doch die Jungen verharren und folgen nicht. Erst als das Wasser ihnen bedenklich nahe kommt, erklettern sie einen kleinen Grashöcker und kauern sich, eng aneinander geschmiegt, darauf nieder. In wenigen Minuten sind sie ganz vom Wasser umspült. Da kommt die Alte herbei und läßt sich mit ausgebreiteten Fittichen auf sie nieder. In ihrer Angst um das junge Leben der kleinen Tierchen ruft Christine ihre Mutter herbei, und beide starren nun entsetzt auf das makabre Geschehen unmittelbar vor ihren Augen.

Je höher das Wasser steigt, um so höher werden auch die Wellen, die in immer kürzerer Folge über die Vogelmutter hinwegschwappen. Mehr und mehr mit Gischt bedeckt, hält sie dennoch aus, bis eine starke Welle sie fortreißt von ihren Jungen. Die Mutter flattert empor, die Jungen werden fortgespült. Beide Altvögel fliegen noch eine ganze Weile über der Stelle hin und her. Ihre Klagelaute vertreiben Mutter und Tochter von ihrem Platz am Fenster.

Als es wieder einmal mitten im Sommer Landunter gibt, bricht das Unheil so schnell über die Hallig herein, daß es nicht mehr gelingt, acht Ochsen in Sicherheit zu bringen. Tiefer und tiefer wird ihr etwas erhöhter Weideplatz überflutet. In ihrer Not drängen die Tiere immer dichter zusammen, äugen hilfesuchend zur nahen Warft hinüber, von wo aus der Bauer und sein Schäfer dem

Jedes Jahr im April ein großartiges Schauspiel:
Auf ihrem Weg nach Sibirien sind mehr als 10 000 Nonnengänse
zu Gast auf der Hamburger Hallig.
FOTO: WERNICKE

Geschehen hilflos zusehen und das ängstliche Gebrüll der Tiere anhören müssen. Mit krampfhaft steil nach oben gerichtetem Hals und Kopf treiben die Ochsen schließlich in kurzen Abständen ins offene Meer hinaus, immer tiefer in den Wellen versinkend, bis zuletzt, mal hier, mal dort, für einen kurzen Augenblick noch ein Stück vom Schwanz oder ein paar Hörner aus der Flut emportauchen.

Und wieder mal schlägt der Blanke Hans zu, diesmal im Herbst bei stürmischem Wetter. Der Flutkalender zeigt für nachmittags um vierzehn Uhr Hochwasser an. Doch bei immer stärker auffrischendem Westwind hat das Wasser bereits um zwölf Uhr die Steinböschung der Hallig erreicht, zwei Stunden früher als normal, und es steigt rasch höher. Das ist ein untrügliches Zeichen für eine bevorstehende hohe Flut.

Zusammen mit seinem Schäferhund eilt Christines Vater von der Warft hinab zum etwa zwei Kilometer entfernten Schafsberg, um die dort weidenden Schafe in Sicherheit zu bringen.

Ungewöhnlich schnell fließt und steigt das Wasser in den Gräben, überschwemmt die Stege und Brücken und beleckt nach kurzer Zeit bereits von allen Seiten her den Fuß der künstlich aufgeworfenen Anhöhe, auf der die Schafe inzwischen vollzählig ihre Zuflucht gefunden haben. Nach einem Blick des Vaters auf die Uhr werden schlimmste Befürchtungen wach, denn obwohl schon jetzt Gefahr für Mensch und Tier besteht, wird die Flut noch mehr als eine Stunde lang weiter ansteigen.

Springendes Schaf – ein seltenes Bild! FOTO: TREBING

Das Schicksal nimmt unerbittlich seinen Lauf. Mögen die Tiere sich noch so dicht aneinanderdrängen, die in weiter Runde ganz unten stehenden sind bereits den klatschenden Wellen und Spritzern voll ausgesetzt und versuchen angestrengt, weiter nach oben zu gelangen, aber vergebens. Zweihundert prächtige Mutterschafe bilden eine zusammenhängende, bewegte Fleischmasse aus rundlich wolligen Leibern und Köpfen, nur von der Gestalt des Bauern überragt, der die Wärme und den pressenden Druck der aufgeregten Tiere an seinen Beinen spürt und verzweifelt bereits nach einem rettenden Platz für ihn selbst und seinen Hund Ausschau hält.

Am Fuße des Hügels, von Wellen umspült, steht eine Windturbine, die das Brackwasser für die Tiere emporpumpt. Seine Schafe in Stich lassend, den Hund auf den Arm nehmend, watet der Vater in letzter Minute, bis über die Knie im schäumenden Element versinkend, zum Fuße des Eisengerüsts der Turbine hinüber und steigt darin empor. Mit letzter Kraftanstrengung erreicht er ganz oben unter den Flügeln eine kleine Plattform, arbeitet sich nur sehr mühsam auf diese empor, weil ein Arm den winselnden Hund umschlungen hält. Hier sitzt er nun auf kaltem Metall mit herabbaumelnden, in kalter Nässe erstarrten Beinen, sieht zu seinen Schafen hinab, die ihrerseits immer heftiger mit emporgestreckten Köpfen zu ihm hinaufblöken.

Die ersten Schafe versinken in der Flut, dabei durchdringende, sich überschlagende, quäkende Klagelaute ausstoßend. Die fleischige Masse bröckelt vom Rand her

Der Schafsberg FOTO: TREBING

immer abrupter ab. Stück für Stück treibt ein Wollklumpen nach dem anderen, mal ragen zwei dünne Beine, mal nur noch eine schwarze Schnauze aus dem Wasser, in die offene See hinaus. Mit mathematischer Konsequenz nimmt das erbarmungslose, diabolische Ereignis vor den entsetzten Augen des schwer geschockten Bauern seinen Lauf, bis das letzte Schaf verschwunden ist und unter ihm nur noch hüpfende, tanzende, schäumende Wellen triumphieren.

Erwachend aus seiner Benommenheit, merkt der Bauer schließlich, wie sein Hund ihm fortwährend die Hand leckt. Auch wird ihm bewußt, wie der Teil seines Körpers, mit dem er den Hund klammernd umschmiegt, von Wärme durchströmt, während der übrige Teil vor Kälte erstarrt ist. Wieder völlig wach, versucht er durch strampelnde Bewegungen den Kreislauf im ganzen Körper wieder in Gang zu bringen, und ein starkes Kribbeln in den Beinen zeigt schließlich an, daß sein Bemühen von Erfolg gekrönt ist.

Der Höhepunkt der Flut ist überschritten, und der Wind hat sich gelegt. Langsam kommt die Anhöhe wieder zum Vorschein. Von den Schafen fehlt jede Spur. Nach etwa zwei Stunden ist das Wasser abgelaufen. Bauer und Hund kehren mit letzter Kraft zum Hallighaus zurück.

Nach dreijähriger Bauzeit wird Ende 1926 der elf Kilometer lange Sönke-Nissen-Koogsdeich fertiggestellt. Christines Vater hat dort einen Hof erworben, und im März 1927 zieht die Familie um in den Koog, obwohl das Haus dort erst notdürftig fertiggestellt worden ist. Die

Hamburger Hallig wird von nun an vom Koog aus mitbewirtschaftet.

Der von zwei Schleswigern gezogene Bauernwagen, mit Hausrat hochbepackt, bewegt sich von der Hallig aus langsam dem neuen Deiche zu, und hoch oben auf zusammengebündeltem Bettzeug thront Christine, nahezu sechs Jahre alt und voller Erwartung auf das, was die Zukunft bringen wird. Da für sie in wenigen Tagen die Schulpflicht beginnt und im Koog noch keine Schule besteht, kommt sie sogleich zu ihrem Onkel Peter Volquardsen nach dem vier Kilometer entfernten Büttjebüll.

In damaliger Zeit beginnt das Schuljahr im Frühling, und zwar gleich nach den Osterferien. Am ersten Schultag hat der Lehrer im großen Garten des Schulhauses Ostereier versteckt, die die Neulinge suchen müssen. Doch mögen diese noch so hell und bunt leuchten, Christine ist von all den neuen Eindrücken so sehr benommen, daß sie kein einziges findet, bis der junge Lehrer sie bei der Hand nimmt und suchen hilft.

Als Christine auf Plattdeutsch gefragt wird: „Wann hest du Geburtsdach?“, gibt sie prompt zur Antwort: „In de Lammtied.“ In der Pause stellen die großen Mädchen ihr dann immer wieder dieselbe Frage und kichern laut, bis die Kleine merkt, daß sie ihren Schabernack mit ihr treiben.

Die Welt auf der Geest ist für sie voller Wunder. Ums Haus in Büttjebüll rauschen hohe Ulmen und lassen das Kind nicht einschlafen. Im nahen Tannenwald gibt es moosüberwachsene Baumstümpfe wie in einem Märchenwald, und in den dunklen Tannen säuselt geheimnisvoll der Wind. Im friedlich dahinplätschernden Bach des Dorfes, nur einen Meter breit, mit kaltem, klarem Wasser, waten die Kinder auf und ab. Waren es auf der Hallig die flitzenden Porren, die man greifen konnte, so gilt es hier, Stichlinge zu fangen, die dann in der hohlen Hand quicklebendig zappeln und Wasser verspritzen, wobei ihre silbrigen Bäuche bewundert werden. Gleich hinter dem Hause in dem breiten Wassergraben stehen im Frühjahr prächtige, laichende Hechte, und Kinder, vor allem Jungens, versuchen, ihnen eine feine Drahtschlinge, die von einem langen Stock herabhängt, von vorne über den Kopf zu ziehen und sie zu fangen. Mit vielerlei Kurzweil, unter nahezu gleichaltrigen Vettern und Cousinen, vergeht das erste Schuljahr wie im Fluge.

Inzwischen wurde durch den Sönke-Nissen-Koog eine neun Kilometer lange Chaussee gebaut, so daß im kommenden Jahr ein Bus die Kinder täglich nach dem Nachbarkoog in die Schule bringen kann. Doch bereits nach einem weiteren Jahr wird im Koog eine einklassige Schule eingerichtet, die Christine dann bis zu ihrer Konfirmation besucht.

Das heranwachsende Kind wird in ihrem Elternhaus ständig zur Arbeit herangezogen. Aufgrund ihrer Zuverlässigkeit schickt man sie auch vom Koog aus täglich aufs Vorland hinaus, um die Schafe zu beaufsichtigen. Von der Hütte aus auf dem Schafsberg kann sie alles übersehen. Hier hat Conrad Nommensen, der für die Instandhaltung

Christine mit Schwester Ingemarie

des Geräts der Wasserwerker zuständig ist, seinen Arbeitsplatz. Mit ihm ist Christine gut Freund, beide tauschen ständig ihr Vesperbrot aus, das bei ihr alle Tage mit Leberwurst, bei ihm mit Schmalz bestrichen ist. Mit der Aufforderung: „Mok du di dat op de Bank gemütli un schlop en bäten. Ick hol de Schop in't Ooch", wirkt Conrad als väterlicher Freund auf sie ein, der sich ihrer Überforderung bewußt ist.

Eines Tages, nicht weniger als vierhundert Schafe weiden im Gebiet des Schafsbergs, gelingt es der Zwölfjährigen ganz alleine, die Tiere rechtzeitig vor der auflaufenden Flut auf die Anhöhe zu bringen. Als sie auch die letzten, die im Wasser einfach stehen geblieben sind, schiebend und stoßend gerettet hat, sinkt sie völlig erschöpft in der im Winde wackelnden Holzbude auf einen Stuhl in der Hoffnung, daß das Wasser nicht weiter ansteigen wird. Ihre Erwartung geht zwar in Erfüllung, aber eine ganze Flutzeit über, etliche Stunden lang, verbringt das Mädchen allein bei den Schafen, vom Hochwasser umgeben.

Christines Vater Johannes Georg Volquardsen ist unter elf Geschwistern auf Nissenshörn, einem alten Strohdachhaus auf dem Deiche des Langenhorner-Alten-Kooges, herangewachsen. Als junger Mann treibt er Handel mit Schafen und Rindern. Dabei kommt er auch nach der Hallig Gröde, wo er seine spätere Ehefrau Anna Maria Rickertsen kennenlernt. Wenn er sie besuchen will, geht er bei Ebbe durchs Wattenmeer. Dieser sechs Kilometer lange Weg ist gefährlich und beschwerlich. Getraut werden die beiden 1918 in der kleinen Halligkirche auf Hallig

HAMBURGER HALLIG
1 MARK
No 8968
1 MARK

NOTGELD
1 MARK
Gültig bis 30. September 1921
HAMBURGER HALLIG Volquardsen

Gröde. Die Hochzeit findet statt im Elternhaus der Braut, auf Knudswarft. Als Festschmaus wird aufgetischt, was die Familie selbst um Gröde herum im Meer gefangen hat: Aale, gebraten, geräuchert und sauer in Gelee; Schollen, gebraten, geräuchert und sauer in Gelee; Garnelen (Porren), frisch gekocht und sauer in Gelee sowie Porrenfrikadellen, dazu Tee oder Teepunsch als Getränk. Gleich nach der Hochzeit zieht das junge Paar nach der Hamburger Hallig, wo der Bräutigam seit 1913 alleine gewohnt und gewirtschaftet hat.

Johannes ist fleißig und strebsam, er vermehrt seinen Bestand auf mehr als tausend Schafe und ist so gut angesehen, daß das Bahnpersonal ihn von Bredstedt nach Husum ohne Fahrkarte fahren läßt, wenn er kein Geld bei sich hat und versichert: „Ick betohl en annermol“. – Vom Landrat des Kreises erhält er in der Inflationszeit die Genehmigung, sich sein Zahlungsmittel selbständig drucken zu lassen. Seine eigenhändige Unterschrift auf den kleinen Geldscheinen des ‚Notgeldes‘ bürgt für Echtheit und Wertbeständigkeit. – Aufgrund der damaligen Wirtschaftskrise ziehen sogenannte Landstreicher bettelnd von Dorf zu Dorf. Christine wird von ihrem Vater aufgetragen, auch diesen Menschen anständig entgegenzutreten und sie stets freundlich zu grüßen, was dazu führt, daß sie vor jedem Bettler einen Knix macht.

In den Sommerferien darf das zwölfjährige Mädchen für einige Tage nach der Nachbarhallig Gröde fahren. Dort lebt Onkel Hannes mit seiner Familie, der Bruder von ihrer Mutter. Dieser gibt sich alle Mühe, seiner Nichte in angenehmer Weise die Zeit zu vertreiben.

Gleich am ersten Tag nimmt er sie mit zum Porrenfischen. Bei knietiefem Wasserstand geht man in Hallignähe hin und her und schiebt eine ‚Gliep' vor sich her. Das ist ein Fangnetz, auch Kescher genannt, am Ende einer Holzstange. Die Fangbeute wird in einem großen Kessel in Salzwasser gekocht, zum Umrühren dient eine glühende Eisenstange, wodurch die Tierchen eine ansprechende rötliche Färbung erhalten.

Abends versammeln sich alle Einwohner der Hallig, bestehend aus vier Familien, bei Onkel Hannes, um beim Auspuhlen der Porren zu helfen. Diese Gemeinschaftsarbeit geht bis Mitternacht, und sie geht reihum. Das gewonnene Fleisch der Schalentierchen wird in großen Steinkrügen eingesalzen und dient als Wintervorrat.

Christine geht auch der Tante Hanne zur Hand und hilft ihr beim Buttern. Der Milchrahm mehrerer Tage wird gesammelt und dann im hölzernen Butterfaß, ‚Karn' genannt, mit einem kreisförmigen Brett am langen Holzstiel zu Butter ‚geschlagen'. Aus der milchigen Flüssigkeit fischt man die kleinen Butterklumpen dann heraus und knetet sie mit einer geriefelten Holzkelle solange durch, bis das noch darin befindliche Milchwasser völlig entfernt ist. So bearbeitet und nach einer Zugabe an Salz ist die sehr wohlschmeckende Halligbutter, auch in Steinkrügen verpackt, dann lange haltbar.

Besonders interessant ist es für das Mädchen, mit Onkel Hannes bei windstillem Wetter weit aufs Watt hinauszugehen, um alte Brunnenringe zu bestaunen. Sie bestehen aus kreisförmig aufeinandergepackten Grassoden und heben sich deutlich von der Umgebung ab. Da das Gebiet um Gröde nicht zu Altnordstrand gehört hat, muß angenommen werden, daß die Brunnenringe Reste von menschlichen Siedlungen darstellen, die bereits in der großen Flut von 1362, als auch Rungholt unterging, vom Blanken Hans zerstört wurden.

Am meisten staunt Christine, als Onkel Hannes an einer Stelle im Watt seinen Handstock tief in die Erde stößt, ihn gleich wieder herauszieht, um dann ein brennendes Streichholz unmittelbar über die runde Öffnung zu halten. Da geschieht das Wunder, daß über diesem kleinen kreisförmigen Einstich eine blaue Flamme ein Weilchen hin- und herzüngelt. Onkel Hannes erklärt: „Es strömt Methangas aus der Erde, das läßt sich anzünden und brennt. Hier sind pflanzliche Stoffe verwest. Das dabei entstehende Gas wird durch die obere Wattschicht am Entweichen gehindert. Eben habe ich eine solche unterirdische Gasblase angestochen, so daß es ausströmen kann, und dann angezündet. Früher, als das Gebiet des Wattenmeeres noch aus Festland bestand, gab es hier üppigen Pflanzenwuchs, ja sogar große Wälder. Riesige Baumstämme sind Jahrtausende im moorigen Untergrund erhalten geblieben. Sie werden ab und zu freigespült und sichtbar.“

Am Abend versammelt sich die ganze Familie um den großen Tisch in der Wohnstube, die von einer Petroleumlampe nur schwach erhellt wird. Onkel Hannes erzählt Christine von ihren Gröder Vorfahren: „Vor hundert Jah-

Das Mädchen von der Hallig

ren war Grödes Uferkante noch nicht mit einer Steinböschung befestigt. Bei jeder Sturmflut wurden Teile der Hallig weggerissen, so daß diese von Jahr zu Jahr kleiner wurde. Betroffen war vor allem Appelland, der nördliche Teil. Dein Urgroßvater Christian Rickertsen starb 1860 auf Appellandwarft. Sein Bruder Rickert war kurz zuvor im Wattenmeer verschollen, als er bei nebligem Wetter Post in Ockholm abgeholt hatte. Man hat nie eine Spur von dem Schlickläufer gefunden. Deine Urgroßmutter mußte im Spätherbst des gleichen Jahres die Appellandwarft verlassen, weil diese vom Untergang bedroht war. Sie erwarb die Knudswarft, wo wir heute wohnen. Dein Ururgroßvater mütterlicherseits war Landesbevollmächtigter von Gröde und Buthwehl, einer Hallig ostwärts von Langeneß. Im Jahre 1780 wurde ihm vom dänischen König für besondere Verdienste in Sachen Halligwelt ein Siegel verliehen. Dieses ist in der Gröder Kirche an der Tür zum Familienplatz abgebildet."

In diesem Zusammenhang soll nicht unerwähnt bleiben, daß Christines Großonkel Peter Rickertsen auf Hallig Hooge lebte. Im Alter mußte er umziehen nach Pellworm. Dort wurden seine Frau und er so stark vom Heimweh nach der Westerwarft auf Hooge ergriffen, daß sie in ein Boot stiegen, in Richtung Hooge fuhren, sich dort zusammenketteten, nahe der Schleuse ins Wasser gingen und ertranken. Das geschah 1940.

Nach dem schönen Aufenthalt auf Gröde steht Christine auf der Rückfahrt zum Festland große Ängste aus. Hans Jakobs von Langeneß muß sein kleines Motorboot gegen einen starken Ostwind ansteuern, der immer mehr auffrischt. Das Boot dümpelt auf und ab. Gischt und Brecher, denen die Fahrgäste schutzlos ausgesetzt sind, gehen, von vorne kommend, darüber hin. Der stampfende Motor rast beängstigend, wenn das Hinterschiff sich auf einem Wellenberg befindet und für Augenblicke aus dem Wasser ragt. Christine hat immer den Steuermann in der kleinen Kajüte im Auge. Da die Brecher ihm die Sicht durch das Glasfenster nehmen, lehnt er alle Augenblick den Oberkörper seitlich heraus aus dem Führerhäuschen, pliert mit zusammengekniffenen Augenwimpern unter der tief ins Gesicht gezogenen blauen Schirmmütze nach vorne, dabei die kurze Scheckpfeife nicht aus dem Munde lassend, obwohl die Spritzer diese längst ausgelöscht haben. Als dann zu allem Übel aus dem Motorraum plötzlich blaue Gase aufsteigen, Hans Jakobs das Steuer feststellt und in den Schiffsbauch hinabtaucht, hat die Angst der Fahrgäste ihren Höhepunkt erreicht, zumal auch noch Blitz und Donner eines aufziehenden Gewitters beängstigend näherkommen. Das alles löst die verwunderliche Reaktion aus, daß alle plötzlich, gewissermaßen, um sich gegenseitig Mut zu machen, miteinander lautstark das Lied: ‚Deutschland, Deutschland über alles‘ anstimmen.

Durchnäßt bis auf die Haut, an allen Gliedern vor Kälte schlotternd, setzen schließlich alle bei der Bongsieler Schleuse den Fuß wieder auf festen Boden, heilfroh und dankbar, das sichere Ufer erreicht zu haben.

Die Jahre gehen dahin. Im Herbst 1936 wird in Sterdebüll unter großer Beteiligung der umliegenden Dörfer das

Erntefest gefeiert. Christine, fünfzehnjährig und schulentlassen, nimmt als BDM-Mädchen daran teil. Bei dieser Veranstaltung begegnen Christine und ich, der dieses Buch schrieb, einander zum erstenmal. Ich war damals als Schleswig-Holsteiner in der Gutsdorfer Schule im hintersten Hinterpommern als junger Lehrer tätig und wurde zu einem Boxkursus an der Universität Greifswald einberufen. Der Lehrgang war für uns junge Leute eine herrlich unbeschwerte Zeit und bot viel Unterhaltsames. Von Greifswald aus fuhr ich in den Herbstferien zu meinen Eltern nach Sterdebüll, wo bei meiner Ankunft das Erntefest bereits voll im Gange war.

Auf dem Festplatz gegenüber vom Krug führt der Bund Deutscher Mädchen unter dem Erntekranz einen Bändertanz auf. Dort schlägt meine Sternstunde, denn unter den tanzenden Mädchen im weißen Rock mit hellblauem Mieder ist auch Christine. Die Zuschauer, zu denen auch ich gehöre, drängen sich um die Tanzenden herum, da löst sich plötzlich oben an der Krone ein Band und flattert zu einem Mädchen hinab, das ich noch nie gesehen habe, das mir aber sogleich außerordentlich gut gefällt. Weil Christine zu stark an ihrem Band gezogen hat, muß sie ausscheiden, und ich habe genügend Muße, sie mir gründlich anzusehen, was meine Zuneigung zu dem unbekannten, blonden Mädchen noch bestärkt.

Das Schicksal nimmt seinen Lauf. Bei der Kaffeetafel ergibt es sich, daß Christine in der Saalecke einschenken muß, wo ich meinen Platz habe. Sie wird zum erstenmal auf mich aufmerksam, denn ich lasse sie immer noch einmal eine Tasse Kaffee einschenken, obwohl mein Durst längst gestillt ist. Damals springen zwischen uns beiden erste ‚Funken' über, und uns ist ganz eigenartig zumute dabei, wie wir uns später eingestehen.

Die Vorsehung hat erstmalig ihre Hand im Spiel. Warum treffe ich, von weit her aus Pommern kommend, gerade in dem Augenblick bei den tanzenden Mädchen ein, als ein Band sich löst und auf Christine hinabflattert? Warum wird gerade sie an dem Tisch zum Kaffeeschenken eingeteilt, an dem ich sitze? Warum? Warum?

Abends findet der Ernteball statt, und, siehe da, Christine, obwohl so jung noch, findet sich auch dort ein. Ich habe inzwischen erfahren, wo sie zu Hause ist. Obwohl ihr Elternhaus im Sönke-Nissen-Koog nur fünf Kilometer von dem meinigen entfernt ist, haben unsere Wege sich noch nie gekreuzt. Endlich ist es soweit, daß ich sie zum Tanze auffordern kann. Jakob Musikant, der auf der Bühne seine Fidel streicht, plinkert mir zu, als wir bei ihm vorbeitanzen, als wolle er sagen: ‚De hol man fast!' Ich lasse sie nicht mehr aus den Augen. Für mich ist sie das hübscheste Mädchen im Saal. Nach einigen Tänzen setzen wir uns an den Tisch zu den anderen, und ich bestelle für uns einen Kirschlikör. Als meine kleine Braut den zum Munde führt, stößt eine Frau aus Versehen gegen ihren Ellbogen. Ich bin dieser Frau heute noch dankbar dafür, denn das rote Getränk wird dabei verschüttet auf Christines schneeweißen Rock. Nun ist guter Rat teuer. Derartig befleckt will meine Tänzerin nicht länger bleiben, und ihre Verwandte aus Büttjebüll gibt die Einwilligung, daß ich sie nach Hause begleite.

Wir kennen uns erst seit ein paar Stunden, aber ich bin sehr glücklich, mit ihr allein sein zu dürfen an diesem lauen Spätsommerabend. Was sich zwischen uns abspielt, ist das frühe Erleben inniger Zuneigung. Behutsam, zaghaft und respektvoll kosten wir es aus, andächtig, schweigsam nebeneinander herzugehen, Arm in Arm, Hand in Hand, Körper an Körper. Wir haben uns gefunden, und diese keusche Zweisamkeit, urplötzlich, wie aus heiterem Himmel auf uns herabgefallen, kann uns keiner mehr nehmen. Sie bleibt irgendwie tief in uns, auch als unsere Wege sich wieder trennen. Sie soll Bestand haben für unser ganzes Leben. Ohne es zu wissen, haben wir den Schlüssel zum eigentlichen und großen Lebensglück gefunden und werden ihn nie wieder hergeben. In kommender Zeit wird er zwar zeitweilig verschüttet sein – wir beide sind ja noch so herrlich jung und ‚schnäbeln' mal hier, mal dort – aber er geht nie wieder verloren.

Es ist wohl kaum einer so glücklich den Weg von Büttjebüll nach Sterdebüll hinabgegangen, wie ich es war in jener Nacht, als ich nach Hause ging. Am anderen Morgen stand ich am Westfenster unseres Hauses, um nicht den Augenblick zu verpassen, in dem Christine auf ihrem Heimweg mit dem Postauto vorbeifuhr.

Es folgen in diesen Herbstferien mehrere wunderschöne Abende, an denen wir zu zweien im Koog miteinander spazierengehen. Ich bin glücklich wie nie zuvor, weil ich fühle, daß Christine mir zugetan ist. Der Abschied fällt

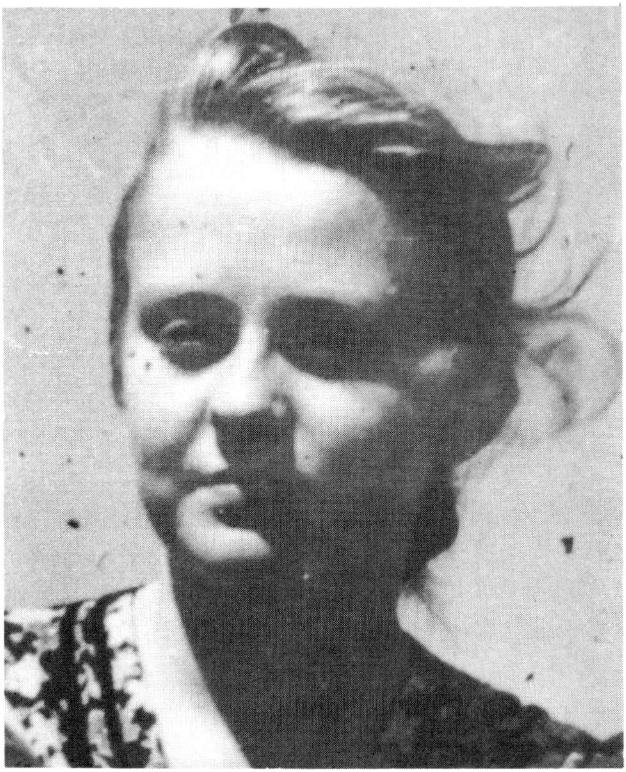

Christine, das Mädchen von der Hallig

schwer. Ich fahre zurück nach Pommern, beschenkt mit ein paar Bildern von ihr, und dann gehen Briefe hin und her.

Mein Weihnachtsurlaub führt uns wieder zusammen, und wir kosten ihn aus. Silvester findet im Bahnhofshotel in Bredstedt ein Festball statt. Christine trägt ein gewebtes hellblaues Kleid, was ihr außerordentlich gut steht, und auf dem Kopf eine kecke Matrosenmütze mit zwei langen blauen Bändern, die ich für sie erstanden habe. Der Abend verläuft wunderschön. Ich bin sehr stolz auf meine kleine Matrosenbraut.

Nach Mitternacht kommt Christines Mutter in den Saal, und ich tanze bei bestem Einvernehmen sogleich einen Walzer mit ihr. Christines Vater sitzt in der Schankstube. Ich setze mich zu ihm und frage, ob ich einen Teepunsch für ihn ausgeben darf. Das wird abrupt verneint, und es schlägt mir von ihm aus ein eiskalter Wind entgegen. Ich bin in seinen Augen ein kleines Schulmeisterlein, und für ihn steht fest, daß Christine einen Landwirt und Schafzüchter heiraten soll, um einmal die Hamburger Hallig zu übernehmen.

Als der Abend vorbei war, gehen Christine und ich Hand in Hand hinter ihren Eltern her bis hin zum Auto. Es herrscht eisiges Schweigen, und mir wird zum erstenmal klar, daß nur geringe Aussichten bestehen, sie einmal ganz zu gewinnen.

Als die Weihnachtsferien beendet sind, fahre ich wieder nach Pommern. Am Tage vor der Abreise erstehe ich für mein letztes Geld eine große Schachtel Pralinen und lege diese unter Christines Kopfkissen. Sie wohnt inzwischen bei meiner Großmutter in Bredstedt, wo sie die Landwirtschaftliche Haushaltungsschule besucht. Obwohl mein Zug dicht an dem Haus meiner Großmutter vorbeifährt, steht sie nicht, wie von mir erhofft, vor der Haustür, um mir zum Abschied zuzuwinken. Das hat mich sehr bedrückt. Es gehen dann einige Briefe zwischen uns hin und her, aber unser gegenseitiges Zugetansein flaut nach und nach ab. Sie wird von ihrem Vater immer wieder aufgefordert, mich zu vergessen, und ich bin zu stolz, ihr irgendwie nachzulaufen.

In den Sommerferien 1937 trinken wir dennoch auf der Hamburger Hallig in einer kleinen Runde zusammen mit Christines Eltern Portwein, und das im Übermaß. Als die Eltern in Richtung Koog abgefahren sind, nimmt Christine mich mit in die Küche und serviert mir belegte Brote. Danach begleitet sie mich ein Stück in Richtung Deich, und wir vereinbaren ein Stelldichein für den nächsten Abend. Am nächsten Tag aber schäme ich mich meiner vorabendlichen Trunkenheit und fahre nicht zu ihr. Sie geht in Richtung Deich und wartet vergebens auf mich. Wie schön hätte es sein können, mit ihr über die nächtliche Hallig zu bummeln, denn ich bin immer noch sehr in sie verliebt, im Grunde wie am ersten Tag. Doch es hat nicht sollen sein.

Der Sommer des Jahres 1937 nimmt seinen Lauf, und Christine waltet ihres Amtes als Halligwirtin. Da bricht ein schwerer Schicksalsschlag über sie herein.

Mit einer ihm eigenen Bewegung des ausgestreckten Arms, die innere Handfläche nach oben haltend, sagt Johannes Volquardsen mit spürbarem Stolz: „Dat is mien Dochter!“ zu Besuchern, die im Auto am 16. August 1937 angereist sind, um Lämmer zu kaufen. Die Hallig liegt am frühen Vormittag in gleißendem Sonnenlicht da und zeigt sich von ihrer schönsten Seite. Die kleine Halliggaststube ist bereits voller Gäste, die von Christine, der jungen Halligwirtin, bedient werden.

Plötzlich verdunkelt sich die Sonne, und nach einem Blick aus dem Fenster ruft einer aus: „Dat Water kummt.“ Vom Westen und Süden her und alsbald aus allen Richtungen schiebt sich das Wasser, blanke, breite Zungen ausstreckend, auf die Hallig hinauf. Diese heimtückische Inbesitznahme vollzieht sich unerwartet in aller Stille, denn Sturm und Landunter sind nicht angesagt worden.

„Gau, hol de Tiern op de Warft“, ruft Johannes seiner Tochter und einer Helferin zu, „ick fohr in Richtung Diek na de Schop.“ Bevor er sich auf sein Fahrrad schwingt, kann Christine ihm noch einen gelben Regenumhang überhängen, und sein Blick ist ängstlich und verstört. Eine ungute Vorahnung befällt Christine, als er rasch davonfährt.

Hastig und überstürzt eilen die beiden jungen Mädchen von der Warft hinab zum Vieh. Das Wasser steigt ungewöhnlich schnell in Grüppeln und Gräben, die kaum noch zu überspringen sind. Störrig und unwillig reagiert das Vieh auf die Aufgeregtheit der Mädchen. Einige Rinder müssen mit Schreien und Stockschlägen angetrieben wer-

Die Hamburger Hallig zur Ebbezeit vom Watt
aus dem Westen gesehen

den, um schneller voranzukommen. Bei den Schafen geht es leichter. Als das Leittier sich mit eiligen Schritten in Richtung Warft in Bewegung setzt, rennen alle anderen hinterher. Weißer Schaum zeigt an, wo auf dem üblichen kürzesten Weg zur Warft bereits kleinere Holzbrücken vom Wasser überströmt werden. Daher bringt es besondere Schwierigkeiten und Zeitverlust mit sich, daß auf ungewohnte Wege über höhere Brücken auszuweichen ist.

Laut brüllend und in einer falschen Richtung davonrennend, brechen einzelne Rinder immer wieder aus, um zu ihrem Weideplatz zurückzugelangen. Obwohl das letzte tiefergelegene Wegstück vor der Warft bereits knietief vom ziehenden Wasser überspült wird, gelingt es den beiden Mädchen, die Tiere vollzählig in Sicherheit zu bringen.

Christine eilt sofort ins Haus und holt das Fernglas, um nach ihrem Vater Ausschau zu halten. Sie erkennt, daß das gesamte Vorland bis hin zum Deich überflutet ist. Sie weiß, daß sich zweihundert Meter vor dem Deich ein breiter reißender Priel hinzieht, der nur über eine einzige Brücke überquert werden kann. Wenn ihr Vater diese nicht rechtzeitig erreicht, ist er verloren. Sie läßt das Fernglas nicht aus der Hand und sieht, wenn auch recht undeutlich, daß auf dem vier Kilometer entfernten Deich sich Menschen hin- und herbewegen, was normalerweise nie der Fall ist. Ihre Unruhe und Angst steigert sich. Da keine Telefonverbindung zur Hallig besteht, belastet die Ungewißheit über das Schicksal ihres Vaters sie immer mehr.

Der Höhepunkt der Flut ist überschritten. Um die Mittagszeit endlich ist der Wasserstand soweit gesunken, daß der Plattensteig des Radfahrdammes daraus emportaucht. Christine hält es nicht länger aus auf der Hallig, schwingt sich aufs Rad und fährt eiligst zur Küste. Kurz bevor sie den Deich erreicht, kommt ihre Mutter ihr zu Fuß auf dem Damm entgegen, ihr jüngstes Kind an der Hand haltend, und sagt: „Wi söken Vadder. Wenn dor man nix passeert is!" Der Schreck fährt Christine in alle Glieder. Wo ist ihr lieber Vater, zu dem sie ein viel innigeres Verhältnis hat als zur Mutter. Verwandte, Nachbarn, Wasserwerker und Angehörige des Reichsarbeitsdienstes waten in alle Richtungen ins abfließende Wasser hinaus und suchen den Vermißten. Einige von ihnen haben vom Deich aus gesehen, wie er sich jenseits des Priels abmüht, ein tief im Wasser stehendes, blökendes Schaf zur Brücke hin zu bewegen – aber plötzlich sind Bauer und Schaf ihren Blicken entschwunden.

Man fordert Christine sowie Mutter und Kind auf, nach Hause zu gehen. Die Suchaktion geht weiter. Christine klammert sich an den letzten Strohhalm, daß doch noch ein Wunder geschehen sein könnte oder geschieht. Was ist, wenn ihr Vater mit dem reißenden Priel, der im überfluteten Gelände nicht erkennbar war, ins Meer hinausgetrieben wurde? Alle sind gleichermaßen fassungslos und verzweifelt. Zu Hause angekommen, wartet man Stunde um Stunde.

Gegen vier Uhr nachmittags poltert ein Leiterwagen auf den Hofplatz. Auf Stroh gebettet liegt der Vater, tot, bleich, starr, in nasser Kleidung. Die furchtbare Ahnung wird Wirklichkeit. Für Christine, die noch nie einen Toten gesehen hat, bricht eine Welt zusammen, denn ihr Vater ist nicht mehr!

Es ist ein schwacher Trost, daß er nicht ins weite Meer hinaustrieb. Der gelbe Regenumhang, den Christine ihm in letzter Minute über die Schultern legte, verfing sich am Rande des reißenden Priels an einem Pfahl und hielt ihn fest. Er wurde gefunden und konnte den Seinen ins Haus gebracht werden.

So schnell und unvorhergesehen an diesem Sommertag der Sturm gekommen ist, so schnell flaut er auch wieder ab. Bereits am Spätnachmittag hat der Wind sich vollständig gelegt, und die See liegt da, friedlich, still, nahezu spiegelblank. Nicht von ungefähr hat das Meer an der Küste Nordfrieslands den Beinamen ‚Blanke Hans'. Das Wort ‚blank' symbolisiert das Heimtückische seines Charakters und die stets vorhandene böse Absicht, auch wenn sie zeitweilig zu schlummern scheint, zu vernichten, zu töten.

Der Vater wird im Hause aufgebahrt. Für Christine bleiben mehrere Tage, ihm noch nahe zu sein und von ihm Abschied zu nehmen.

Ein Kranz aus blühendem Heidekraut, so groß wie ein Wagenrad, schmückt den Sarg. Noch mehr Aufsehen erregt bei Christine ein Kranz von einem alten Landstreicher, bestehend aus Wildblumen, am Straßenrand gepflückt und mit grobem Selbstbindertau gebunden, dem der Verstorbene in langen Jahren viel Gutes hat zukommen lassen.

Am Tage der Beisetzung füllt sich die geräumige Scheune mit dem weitausladenden grünen Dach, unter dem die Schwalben hin und herfliegen und lustig zwitschern wie alle Tage, mit vielen Trauergästen von nah und fern. Im schwarz verhangenen Zimmer bei feierlichem Kerzenschein ist der tote Hausherr aufgebahrt, von dem nun so viele schweigend Abschied nehmen. Pastor Johannes Lucht aus Bredstedt segnet den Toten ein. In seiner Ansprache stellt er den Trauernden noch einmal das Lebenswerk des unermüdlich Schaffenden vor Augen, des einen von den elf Volquardsen-Kindern auf Nissenshörn.

Nach der Kaffeetafel in der Scheune setzt sich ein langer Trauerzug von zwanzig Pferdewagen und etwa fünfzig Autos in Richtung Friedhof in Bewegung. Vor dem Leichenwagen, von zwei ruhig dahinschreitenden Schleswiger Pferden gezogen, gehen die Söhne und Brüder des Verstorbenen sowie sein Schäfer. Dahinter folgen auf einem zweiten Wagen die Mutter und Christine, mit Bruder Peter und Schwester Ingemarie. Wer nicht mit eigenem Wagen gekommen ist, legt die neun Kilometer lange Strecke zu Fuß zurück.

Auf dem Bredstedter Friedhof findet der Bauer seine letzte Ruhe. Als habe er eine Vorahnung von seinem nahen Tode, hat er sich vor wenigen Tagen erst die eigene Grabstelle ausgesucht.

Christine leidet sehr unter dem plötzlichen Heimgang ihres geliebten Vaters. Für sie ist das Vertrauen in die Welt zusammengebrochen. Sie ist zum erstenmal konfrontiert mit einem Schicksalsschlag und erlebt eine große Bestürztheit und Hilflosigkeit. Sie stürzt sich von morgens bis abends in die Arbeit, das beste Mittel, um nach und nach allmählich wieder zu gesunden.

Da sie weiterhin die verantwortliche Wirtin bleibt auf der Hallig, mangelt es nicht an Verpflichtungen den Krugsgästen und den zu betreuenden Schafen und Rindern gegenüber. Aufgrund ihres hohen Verantwortungsbewußtseins genießt sie volles Vertrauen in allen Belangen. Es kommt vor, daß sie abends ihre Füße wundgelaufen hat, und meistens fällt sie todmüde in die Kissen.

An sich ist in den Wintermonaten weniger Arbeit zu leisten als im hektischen Sommer, aber im Todesjahr ihres Vaters will es das Unglück, daß die Halligschafe von der Klauenseuche befallen werden und die Hallig nicht zum Winterquartier auf der Geest verlassen dürfen. Tagsüber gräsen die Schafe auch in der kalten Jahreszeit auf der Weide, aber Abend für Abend müssen sie, etwa einhundertzwanzig an der Zahl, auf die Warft getrieben und eingesperrt werden. Morgen für Morgen erhalten sie dann ihr Heufutter. Dieses muß nicht nur vom Heuboden geholt, sondern auch mit Händen mühselig zerrupft werden, weil das abgelagerte Halligheu zu sehr in sich verfilzt und verklebt ist, um in dem Zustand gefressen werden zu können. Das ist an sich eine harte und langwierige Beschäftigung für Männerhände. Doch Christine muß ganz alleine diese harte Arbeit auf sich nehmen, weil ihr kein Helfer zur Seite steht. Danach pumpt sie mit einer weithin quietschenden kleinen eisernen Handpumpe alle Morgen das Trinkwasser für einhundertzwanzig Schafe in die Holztröge. Auch wenn sie vorher die Tröge saubergescheuert hat, kommt es immer wieder vor, daß einer, der sich dazu berufen fühlt, aufkreuzt und die Pflöcke herausreißt, so daß Christine von neuem anfangen muß, zu pumpen und zu pumpen, wobei über die mitmenschlichen Gemeinheiten bei ihr viele Tränen fließen.

Es ist nicht nur das körperliche Martyrium, das über sie hereinbricht, als ihr Vater davongegangen ist, hinzukommt eine unsägliche Angst, die sich immer mehr steigert, je dunkler die Tage, je länger die Nächte für sie werden in diesem vermaledeiten Winter des Jahres 1937. Es ist immerhin annähernd eine Stunde Weg bis hin zur nächsten Siedlung, und eine Telefonleitung besteht immer noch nicht. Praktisch hapert es an allem, nur nicht an Arbeit und auferlegten Pflichten. Der Beilegerofen reicht bei weitem nicht aus, um eine wohlige Wärme zu verbreiten. Mit Briketts muß gespart werden, und das angetriebene nasse Holz glimmt mehr, als daß es brennt. Die Petroleumfunzel verbreitet wenig Helligkeit, und die Abende und Nächte werden so lang.

Eines Abends lauscht und lugt Christine angespannt hinaus in die Dunkelheit. Eine dunkle Gestalt nähert sich der Warft. Doch wer sollte so spät noch kommen? Schon schlägt der Hund an, und sein Gebell wird immer wütender. Christine springt auf und prüft, ob Haus- und Stalltür verschlossen sind. Dann öffnet sie alle anderen Türen in der Wohnung, damit der Hund überall hingelangen kann.

Ein kurzer klickender Laut verrät ihr, daß der Fremde sich bemüht, die Stalltür zu öffnen. Doch der Hund saust dorthin. Mit der Schnauze an dem Spalt unter der Tür hin und herfahrend geifert, faucht und bellt er, daß einem angst und bange wird. Kurz danach rennt der Hund wie irrsinnig in den Hausflur, und bevor der Fremde den Türgriff betätigen kann, ist er dort zur Stelle, und sein wütendes Gekeife und Gebell steigert sich noch mehr. Christine hat die Lampe ausgepustet und ist erstarrt vor Schreck. Nach einer ganzen Weile erst wird ihr bewußt, daß sie am ganzen Leibe zittert, ja mehr noch, daß sie in kurzen Abständen von heftigem Schüttelfrost gepackt wird, wobei die Zähne aufeinanderklappern, ohne daß sie es abstellen kann. Der Körper ‚klappert' gewissermaßen das unermeßliche Angstgefühl aus sich hinaus, wobei sie nicht imstande ist, vom Stuhl aufzustehen, weil Beine und Arme ihren Dienst versagen.

Der ‚Tanz' zwischen dem Hund und dem Fremden dauert eine ganze Weile an. Der Fremde geht von Fenster zu Fenster, von Luke zu Luke ums ganze Haus herum, rüttelt hier, klopft dort, und überall, Schritt für Schritt, stellt sich ihm im Hause der Hund entgegen, unmittelbar hinter der Scheibe oder dem Spalt, grimmig mit den Zähnen fletschend. Wer wird den längeren Atem haben?

Schneller als von Christine erwartet, wird der Hund ruhiger. Zwar noch heftig hechelnd, kommt er zu seiner Herrin ins Zimmer, setzt sich vor ihr hin, schaut ihr ins Gesicht, wobei die Zunge ihm weit aus dem Halse hängt. Dann legt er sich auf die Seite und streckt unmittelbar vor

Christines Füßen alle Viere von sich, reckt den Hals und schließt sogar das Maul, jedoch nur für einen kurzen Augenblick, um gleich wieder weiterzuhecheln. Dieses Gehabe des Hundes wirkt beruhigend auf Christine, zeigt es ihr doch, daß der Fremde sich davongemacht hat und keine Gefahr mehr besteht.

Auch Christine fängt an, die verkrampften Glieder zu recken und zu dehnen, ihr Atem geht ruhiger, und der Puls hämmert nicht mehr im Halse. Sie geht, um die Lampe anzuzünden, nicht ohne sich zuvor zu bücken und dem treuen Tier einige Male zärtlich über den Kopf zu streicheln, woraufhin der Hund mehrfach mit dem Schwanz auf den hölzernen Fußboden klopft. Nach einer Weile hebt der Hund den Kopf und horcht nach draußen, dann steht er auf und geht langsamen Schrittes durchs Haus, als wolle er überall noch einmal nach dem Rechten sehen. Als er dann gemächlich zurückkommt, packt er sich wieder dicht vor Christine hin, gähnt mit weit aufgerissenem Maul, schließt die Augen, atmet hörbar, aber ganz ruhig.

Christine nimmt die Petroleumlampe mit in ihre Schlafkammer, verdunkelt mit einer Decke das einzige Fenster, verriegelt die Tür und fängt an, am großen Wäschekorb zu hantieren, um eine Eisenstange vom Deckel abzumontieren. In voller Kleidung legt sie sich schließlich ins Bett, die Stange liegt griffbereit davor, aber schlafen kann sie nicht. Es wird für sie eine unruhige Nacht, obwohl der Hund nicht wieder anschlägt.

Am Morgen steht ihr Entschluß fest, nie wieder alleine auf der Hallig eine Nacht zu verbringen. Übernächtigt, lustlos und schwach auf den Beinen, fällt ihr am frühen nächsten Morgen die Betreuung der einhundertzwanzig Schafe schwer, aber sie hält durch bis zum letzten Pumpenschlag. Ohne zuvor etwas zu essen, macht sie sich dann auf den Weg zum Elternhaus im Sönke-Nissen-Koog.

Vor ihrer Mutter stehend, brechen ihr die Tränen aus, und sie stottert ihr mehrfach ins Gesicht: „Ick kann nich mehr, ick kann nich mehr!“ Ist es rücksichtslose Härte und Gefühllosigkeit, oder ist es die Notlage der Mutter, anderen Familienangehörigen nicht das zutrauen zu können, was sie ihrer Tochter mit großer Selbstverständlichkeit Tag für Tag abverlangt? Wer will die Frage beantworten! Auf jeden Fall wird Christine sogleich wieder nach der Hallig zurückgeschickt, um Heu zu rupfen und Schafe zu hüten. Erreicht hat sie lediglich, daß sie von nun an täglich im Elternhause die Nacht verbringen darf. Lange beschwerliche Wege bei Kälte, Sturm und Unwetter werden ihr von nun an zusätzlich aufgebürdet. Es ist vorgekommen, wenn nachts landunter war und sie morgens zur Hallig zurückkommt, daß einzelne Schafe aus dem Gatter ausgebrochen sind und noch im Wasser stehen. Schafe sind nun mal so, sie harren aus mit den Beinen im Wasser, mag erhöhtes Gelände auch ganz in der Nähe sein. Christine muß dann ins eiskalte Wasser hineinwaten, um die Tiere zu retten. Keiner fragt danach, wo und wie sie im kalten Hause ihre Kleider trocknen kann.

Christine wird den langen Winter 1937 nie wieder vergessen! Er hat sie hart gemacht gegen sich selbst. Und

Christine als Halligwirtin

schier Unmenschliches prägt den Menschen fürs ganze weitere Leben und bewirkt letztendlich wohl doch Gutes. – ‚Doch hängt mein ganzes Herz an dir', du Hallig, mit all Deinen Freuden und Nöten.

Jeder Winter hat ein Ende, und der Frühling kommt bestimmt. Die Lerche findet zurück zur Hallig, der Marienkäfer vieltausendfach, und viele kleine Lämmer vollführen Luftsprünge vor lauter Lust am Leben. Riesige Vogelschwärme lassen sich nieder, erfüllen die Luft mit ihrem melodischen Geschrei fröhlicher Erwartung auf das, was kommt. Denn alle sind auf der Hochzeitsreise.

Die Welt wird schöner mit jedem Tag. Christine verlegt ihren Wohnsitz zurück auf die Hallig, und ständige Helfer werden ihr zur Seite gestellt. Immer zahlreicher stellen sich Krugsgäste und Touristen ein, und sie ist als Halligwirtin wieder so richtig in ihrem Element. Sie hat eine gute Art, die Gäste zu unterhalten, stets gleichbleibend freundlich. Jeden nimmt sie an, ohne Unterschiede zu machen. Mögen noch so hochgestellte Damen oder Herren in ihrer Gaststube aufkreuzen, Christine kennt keine Befangenheit und hat ein sicheres Auftreten. Manch stiller Verehrer, auch von weit her, sucht wiederholt die Hallig auf, um in ihrer Nähe zu sein und sich an ihrem natürlichen Gehabe zu erfreuen. Bei den Angehörigen des Arbeitsdienstes, die am Damm und im Vorland ihren Arbeitsplatz haben und zu den ständigen Krugsgästen zählen, geht der Ausspruch um: ‚Jeder Annäherungsversuch wird im Keime erstickt, denn sie blitzt jeden ab!'

An einem schönen Sommerabend, nachdem es den ganzen Tag über geregnet hat, der Dammweg unpassierbar ist und Gäste fernbleiben, genießt Christine es so richtig, einmal Muße zu haben und zu tun, was sie mag. Barfuß geht sie von der Warft hinab über den kühlenden Grasteppich zur Steinböschung, dessen Findlinge, eben erst von der sinkenden Flut freigegeben, im Licht der untergehenden Sonne glänzen. Auf allen Vieren steigt sie behutsam, die Glätte der Steine nicht außer acht lassend, an ihnen hinab und erreicht die Pfahlreihe der Buschlahnung, die senkrecht zum Ufer etwa einhundert Meter weit ins Watt hinausläuft. Langsam und bedächtig Fuß vor Fuß setzend, mit der Linken den Rock bis über die Knie emporgerafft und mit über dem Kopf eingewinkeltem rechten Arm das Gleichgewicht ausbalancierend, erreicht sie schließlich das Ende der Lahnung, deren Pfähle noch bis zur Hälfte im Wasser stehen. Mit sicherem Geschick hockt sie sich dann rittlings auf die Doppelpfahlreihe nieder und läßt die Beine ins sanft davonströmende, lauwarme Wasser hinabbaumeln. Hier ist ihr Lieblingsplatz. Hier hat sie schon so manch abendliche Stunde ganz allein verbracht.

Da fällt ihr Blick auf eine schwarze Meeresschnecke, deren Artgenossen tausendfach Steinböschung und Buschlahnung bevölkern, ihr Häuschen, nicht größer als eine Kleinfingerkuppe, naß glänzend, vollendet gerundet, und alle tragen, gleichermaßen keck und herausfordernd, mal nach links, mal nach rechts geneigt, ihr flachkegliges Tartarenhütchen, wie es possierlicher nicht sein kann. ‚Mit keckem Hut marschiert sich's gut.' Denn, oh Wunder, die

Schnecke bewegt sich und ist bemüht, die obere Plattform des letzten Pfahls unmittelbar vor Christine zu erklimmen. Und sie schafft es, im Bruchteil einer Sekunde kippt plötzlich der Vorderteil ihres über den Pfahlrand emporragenden Körpers über und erreicht die obere ebene Holzfläche. Christine blickt unentwegt auf das Tierchen hinab und erlebt zum erstenmal, wie überaus langsam es sich vorwärtsbewegt, aber es bewegt sich, wenn auch in kleinsten Schritten, die nur in Bruchteilen vom Millimeter gemessen werden könnten. Es gibt gewiß nur wenig Menschen, die sich die Zeit nehmen, einer wandernden Schnecke zuzuschauen und dabei ihre Bewegung gewahr werden. Christine gehört zu ihnen und erfreut sich an diesem minuziösen Schauspiel.

Nun hebt sie den Kopf, ihr Blick wird in die Ferne gezogen. Am Horizont spielt sich ein noch viel größeres Schauspiel ab. Die Sonne schickt sich an, im Meer zu versinken. Zu ihr hin dehnt sich eine spiegelblanke, dunkelblaue Wasserfläche, nur hier und dort feingekräuselt von einem sanften Lufthauch. Die stark vergrößerte und vollendet kreisrunde Scheibe des Himmelskörpers hat eben mit ihrem unteren Rand das Wasser erreicht. Noch steht sie in ihrer ganzen purpurnen Pracht vor dem Firmament und, sehr markant sich vom dunkleren Umfeld abhebend, führt ein gradlinig begrenztes, spitzauslaufendes, rötliches Strahlenbündel direkt auf Christine zu, wobei seine lange schlanke Spitze sie nicht ganz erreicht. Und nun läuft vor Christines erstaunten Blicken etwa sechs Minuten lang ein Schauspiel kosmischen Ausmaßes ab. Stetig und gleichbleibend im Tempo sinkt die riesige, dunkelrote Scheibe Zentimeter um Zentimeter tiefer hinab ins Meer. Dabei schrumpft das Strahlenbündel in sich zusammen und büßt seine buntschillernde Farbenpracht nach und nach ein. Jetzt ragt dort, wo in weiter Ferne Himmel und Erde sich berühren, scharf konturiert, nur noch eine schmale, ganz flach gewölbte Kuppe der Sonne aus dem Wasser, und sie sinkt weiter und versinkt, dem Auge deutlich sichtbar, immer tiefer, und im Bruchteil einer Sekunde ist sie ganz verschwunden. Nach einer kurzen Wendung des Blickes kann Christine nicht einmal die Stelle mehr ausmachen, wo sie untergegangen ist.

Wer da glaubt, daß der große Maler, der in gewisser Jahreszeit Abend für Abend ein zwar verändertes, aber nicht weniger farbenprächtiges Gemälde von der sinkenden Sonne der Halligwelt malt, jetzt den Pinsel aus der Hand gelegt hat, der irrt, denn nun fängt die Färbung der westlichen Himmelsglocke erst richtig an. Was gelbbläulich blaß, gewissermaßen in neutraler Bescheidenheit, sich dem Auge darbot, als die Sonne noch eben über dem Horizont stand, wird nun in den folgenden Minuten von unten her, gewissermaßen aus der geheimnisvollen Tiefe, großflächig mit einem Rot übergossen, wie es sich in den verschiedenen Abstufungen, eine prächtiger als die andere, nicht in Worten nachvollziehen läßt. Eine Farbsymphonie überzieht das ganze westliche Himmelsgewölbe, fast hinauf bis zum Zenit, in den oberen Regionen allmählich blasser werdend, in den unteren dagegen in um so kräftigerem Rot.

Christine wendet den Blick zurück zu der Schnecke und stellt fest, daß diese in der Zwischenzeit etwa einen Zentimeter weit auf sie zugekrochen ist. Es ist ihr bewußt, in den letzten Minuten gleich zweimal eine Bewegung belauscht zu haben, die von den meisten Menschen gar nicht wahrgenommen wird. Ob Schnecke, ob Sonne – ‚und sie bewegen sich doch'.

Je mehr die Glut des Himmels verblaßt und die Dämmerung heraufzieht, um so vernehmlicher werden die Stimmen, ‚die über der Tiefe sind'. Das naßglänzende Watt um sie herum, von dem sich die Flut zurückgezogen hat, knistert und zirpt unaufhörlich in hellen hohen Tönen. ‚Ich höre des gärenden Schlammes geheimnisvollen Ton', dieser Storm-Vers, in der Schule gelernt, wird vom Mädchen nachempfunden, und schon hallt von weit draußen über dem Wasser auch der Ruf eines Vogels zu ihr herüber, klagend und Schauder erregend. ‚Einsames Vogelrufen, so war es immer schon.'

Draußen auf dem Meer tottert in monotonem Klang der Dieselmotor eines vorbeiziehenden Fischkutters. Der Klang verebbt allmählich und ist schließlich nur noch in Abständen ganz schwach vernehmbar. Die große Stille kehrt wieder ein. Christine hat längst die nackten Beine unter sich hochgezogen und sich zusammengekauert. Mit wachsender Dunkelheit rieseln Kälteschauer über ihren jugendlichen Körper hin und, mag der Abend noch so schön gewesen sein, traurige Gedanken stellen sich ein, Verlassenheit und Wehmut befällt sie.

In Gedanken versunken, senkt sie den Kopf fast bis auf die Knie, ein sanfter Windhauch umfächelt ihr liebliches Gesicht und spielt mit einer tief herabhängenden blonden Haarsträhne. Der geliebte Vater, an dem ihr ganzes Herz hing, ist tot. Keiner ist da, dem sie ihre innere Not anvertrauen könnte. Keine Hand ist da, nach der sie greifen könnte. In wenigen Wochen sollen alle Schafe verkauft werden. Ihre Hallig wird von heute auf morgen in den Besitz eines Fremden übergehen. Die bange Frage tut sich auf: ‚Was wird aus mir?‘

Schluchzend und mit steifgewordenen Gliedern geht sie schließlich gebeugt, schwerfälligen Schrittes zur Warft zurück, schließt sich ein in ihr Kämmerchen, kann den Schlaf nicht finden und weint in großer Trostlosigkeit in die Kissen.

Am nächsten Tag, spätnachmittags, steuert ein blauer Opel in langsamer Fahrt das Hallighaus an. Ein Herr und eine Dame steigen aus und begeben sich in die Gaststube. Christine stellt fest, daß sie aus Süddeutschland kommen und daß die Frau hochschwanger ist.

Nachdem sie am Tisch der Gäste Platz genommen hat, beantwortet sie freimütig und routinemäßig alle Fragen über das Halligdasein. Als der Mann ihr jedoch die Frage stellt, ob sie denn immer auf der Hallig bleiben wolle, zögert sie mit der Antwort und gesteht, ganz bedrückt dreinschauend, daß ihre Tage hier gezählt seien und sie nicht wisse, wie es weitergehen werde.

Die Gäste brechen auf, und Christine ist erstaunt, als sie nach einer halben Stunde, obwohl die Dunkelheit bereits hereingebrochen ist, wieder ins Haus treten. Ohne sich zu setzen, stellt der Mann sich als Dr. Kahle aus Mannheim vor, um gleich darauf ganz unvermittelt zu fragen: „Wollen Sie bei uns die Stellung einer Haustochter annehmen?"

Christine ist so verblüfft, daß sie eine Antwort schuldig bleibt. Nach vier Wochen jedoch besteigt das siebzehnjährige Halligmädchen, das bisher noch nicht weit gereist ist, in Bredstedt den Zug, um nach Mannheim zu fahren.

Von Hamburg ab hat sic einen amüsanten Reisebegleiter, einen Alpenländer mit ergrautem hochgezwirbelten Schnurrbart, in kurzer Lederhose natürlich und außerordentlich gesprächig. Er gibt zu allem, was Christine unterwegs bestaunt, sie hat schließlich noch nie einen Berg gesehen, seinen Kommentar und verwöhnt sein Gegenüber mit wohlschmeckenden Leckereien. Die Fahrt vergeht wie im Fluge, und schon verabschiedet er sich von ihr mit vielen guten Wünschen auf dem Hauptbahnhof in Mannheim.

Es ist verabredet, daß Herr Kahle sie auf dem Bahnsteig in Empfang nehmen soll. Das Unglück will es, daß der Bahnsteig zwei Ausgänge hat und Christine, voller Neugierde und in banger Erwartung, an falscher Stelle bei ihren zwei schweren Koffern den neuen Brotherrn erwartet. Doch plötzlich steht er vor ihr mit hochrotem Kopf und entschuldigt sich. Im Auto wird Christine eröffnet, daß ein Junge geboren sei, Frau Kahle sich noch im Krankenhaus befinde und Christine daher zunächst im Hause seiner Eltern Unterkunft beziehen müsse, die in Alsbach an der Weinstraße wohnen.

In den nächsten zwei Wochen ist die vornehme Villa der alten Herrschaften ihr Zuhause. Es ist für das Mädchen von der Hallig recht ungewohnt, im tiefen, weichgepolsterten Ledersessel sitzend, stundenlang zu plaudern und sich als Kind im Hause verwöhnen zu lassen, während die Hausarbeit von einer Hausangestellten verrichtet wird.

Der alte Herr, ein pensionierter Leiter eines belgischen Konzerns in Posen, hat seine Freude an Christines offenem, frisch fröhlichen Wesen. Er amüsiert sich köstlich, wenn sie sich aus Langeweile einmal im Garten betätigt und vorbeigehenden jungen Leuten auf die Frage, was sie denn dort züchte, prompt antwortet: „Hochstämmige Bratkartoffeln."

Eines Tages fährt der Alte, von großer stattlicher Statur, mit Christine nach Darmstadt. Beim Gang durch die Straßen muß sie den Arm in den seinen legen, als wäre sie seine Tochter. Auch versäumt er als vollendeter Kavalier es nicht, mit ihr vornehm essen zu gehen. – Er ist ein großer Nazigegner. Wenn Sammler sein Haus betreten, um fürs Winterhilfswerk oder den Eintopfsonntag eine Geldspende einzusammeln, gehen sie leer aus. Er leidet an Herzbeschwerden, und mehrfach sagt er zu Christine: „Wenn Du wiederkommst, lebe ich nicht mehr." Und so kam es. Eines Tages war er freiwillig aus dem Leben geschieden.

Die folgenden sieben Monate verbringt Christine dann als Haustochter im Hause der Familie Kahle bei einem Gehalt von 20 DM im Monat. Das Ehepaar bemüht sich sehr um sie, doch das Heimweh ist ihr ständiger Begleiter, und es wird immer stärker. Um ihr wenig Zeit zu lassen, an zu Hause zu denken, sitzen sie Abend für Abend zusammen, Frau Kahle im Schaukelstuhl, er im Sessel und zwischen ihnen Christine. Und dann geht es darum, Christine zu unterhalten und in Wissensfragen zu schulen, sei es in Erdkunde, Geschichte oder Deutsch. ‚Amüsantes Kreuzworträtselraten zu Dreien', so könnte man dieses Exerzitium wohl nennen, und am Ende wird die gelehrige Schülerin mit einem Nachschlagewerk oder Lehrbuch versehen, um vor dem Einschlafen in ihrem Zimmer das Gelernte noch einmal zu überdenken und zu vertiefen. Am nächsten Vormittag, wenn Herr Kahle vom nahen Werk zur Teepause herüberkommt, wird rekapituliert. – Christine muß das Teewasser auf die Minute genau aufs Feuer setzen. Als der Herr Ingenieur einmal in unberechtigter Weise behauptet, sie habe die Kochanweisungen nicht genau beachtet, bricht die junge Teeköchin in Tränen aus, was zur Folge hat, daß sie am Nachmittag von ihm mit sechs feinen Taschentüchern für die Tränen und einer großen Schachtel Pralinen als Wiedergutmachung bedacht wird.

An jedem Mittwoch hat sie ihren freien Nachmittag, und ihr liebstes Ausflugsziel ist eine Hallig in der Rheinniederung, zu der nicht nur ein Fahrdamm hinüberführt, sondern auf welcher auch, wie daheim, viele Schafe weiden. Bald ist sie dort gut Freund mit den Wirtsleuten, und einmal ergibt es sich, daß ein feiner, älterer Herr sich zu ihr an den Tisch setzt. Die Unterhaltung verläuft in recht herzlicher, amüsanter Atmosphäre, und als für Christine die Zeit herangekommen ist, sich auf den Heimweg zu begeben, fragt ihr seriöser Tischnachbar, ob er sie in seinem Wagen nach Hause bringen dürfe. Christine, ebenso verblüfft wie ratlos, wirft hilfesuchend dem Wirt hinter der Theke einen fragenden Blick zu, und als der ihr zunickt und dabei ermunternd zuplinkert, kommt ein ‚ja, gern' über ihre Lippen, und wenig später sitzt sie neben dem hohen Herrn in einem sehr noblen, offenen Kabriolett. – Das Ehepaar Kahle staunt nicht wenig, als sie feststellen, mit wem Christine an ihrem Hause vorgefahren kommt, denn dieser Herr ist sehr angesehen und hat in der Stadt eine hohe Stellung inne.

In der Faschingszeit schenken Kahles Christine eine Eintrittskarte zum Karneval im ‚Fuchsbau' in Ludwigshafen. Ihr ‚Polarhase', so wird sie allgemein genannt, soll doch einmal eine solch heitere Veranstaltung miterleben. Doch als man ihr rät, sich zu maskieren, lehnt sie das strikt ab. Immerhin aber benäht sie ihr grünes Mieder mit einer Anzahl selbständig ausgeschnittener goldener Sterne, und dazu trägt sie einen weißen Rock.

Als sie eben erst einen der vielen mit Girlanden und Flitterwerk überladenen Räume, jeder mit eigener Kapelle ausgestattet, betritt, heftet sich auch schon ein gutaussehender junger Mann an ihre Ferse und läßt während der ganzen Nacht nicht wieder von ihr ab. Etwas derartiges ist ihr noch nie begegnet, und mag er noch so beredt erzählen von seiner guten, gesicherten Stellung bei Hoechst im Labor und mag er noch so bemüht sein, dem kühlen Mädchen aus dem hohen Norden einen närrischen Karneval nahezubringen, Christine läßt sich nicht erwärmen, ihr kommt das alles viel zu dumm und tölpelhaft vor, um mitzumachen. Dennoch kann sie es nicht verhindern, daß dieser junge Mann nach einigen Tagen bei ihr an der Haustür klingelt, und sie hat große Mühe, ihn endgültig abzuweisen – obwohl er ihr leidtut.

Mag auch die erste verschenkte Einladungskarte, wie eben dargelegt, unerfreuliche Folgen nach sich gezogen haben, versuchen Kahles es noch einmal, Christine an einer Festlichkeit teilnehmen zu lassen. Diesmal sind sie selbst als erlauchte Gäste zu einem exklusiven ‚Rosenball' eingeladen, aber Christine und eine gutaussehende Bekannte lassen sie für sich einspringen.

Christine zieht ihr bestes Kleid an, und als sie den über und über mit Rosen geschmückten Festsaal betritt und an ihren Platz geführt wird, sieht man ihr das Halligmädchen, das vor einigen Monaten noch barfuß über Schafmist hinwegstapfte, nicht an. Sie geht durch den Saal und bewegt sich auf dem blanken Parkett anmutig unbeschwert, als ginge sie barfuß über den grünen Grasteppich der Hallig. Nichts kann ihr ihre innere Sicherheit nehmen.

Als sie ihren Platz eingenommen hat, regt sich in ihr nur ein einziger Wunsch, ganz unbehelligt zu bleiben und dem pompösen Gehabe in aller Gelassenheit zuschauen zu können, denn Neugierde vor allem hat sie bewogen, die Karte anzunehmen. Gewiß sind die Rosen hübsch, die

Kleider der Damen exklusiv, Wandschmuck und Dekoration einmalig, aber Christines Augen blicken tiefer, und alles zusammengenommen ist nicht dazu angetan, daß sie innerlich ‚Feuer fängt' und sich davon betören läßt. Sie bleibt nüchtern, vom Verstande geleitet, und kann es nicht verhindern, mag die Kapelle noch so einschmeichelnde Melodien zum besten geben, plötzlich findet sie sich in Gedanken auf der Hallig wieder, mitten unter ihren Schafen und Lämmern. Wie mag es ‚Hannes' ergehen, jetzt verkauft und in fremder Hand, ihrem Söcker, den sie drei Monate lang mit der Flasche großgezogen hat? Er ließ sich so gerne übers kurzhaarige, dicht gekräuselte Fell streicheln und mit beiden Händen hinter den Ohren kraulen, die Schnauze Christine zugewandt, während in den winzigen Dellen seiner schwarzen Nasenöffnungen blankes Wasser blinkte. – Sehnsucht befällt das Mädchen in der Fremde, mitten im Festglanz, und Sehnsucht tut weh!

Mit innerem Widerstreben stellt sie fest, daß ein junger Mann am Nachbartisch seinen Blick immer wieder auf ihr ruhen läßt, ihr Auge sucht, und nach einer gewissen Zeit verbeugt er sich vor ihr und bittet um einen Tanz. Der Anstand gebietet es Christine, sich nun in sein mit Macht um sie werbendes Verhalten hineinziehen zu lassen und immer wieder mit ihm zu tanzen. Sie duldet es, kühl und freundlich, daß er bei ihr Platz nimmt, und hört ohne Interesse zu, wie er seine wohlsituierten Familienverhältnisse vor ihr ausbreitet. Sie hat ihren Tänzer für den Abend gefunden, aber mehr auch nicht.

Als Christine in der Nacht heimkommt, muß sie sich erstmal bei ihren Herrschaften auf die Bettkante setzen und zu deren Vergnügen haarklein erzählen, was sie erlebt hat.

Kurz darauf steht der Tänzer mit einem Rosenstrauß vor der Tür. Christine ist allein im Hause, und wieder ist es ihre Wohlerzogenheit, die bewirkt, ihn ins Haus zu bitten und mit einer Tasse Kaffee zu bewirten. – Mögen ein paar gemeinsame Spaziergänge gefolgt sein, die Romanze findet bald mit ein paar Briefen und einem ihr zugesandten Gedichtband von Theodor Storm ihr schnelles Ende.

Christine meidet in Zukunft Tanzveranstaltungen, fährt aber weiterhin gern zu ihrer Hallig im Rhein und macht allein einen Rundflug über Mannheim. Das Mädchen in der Fremde lernt viel, auch ohne den Knigge zu studieren. Wenn hoher Besuch kommt, muß sie diesen in Empfang nehmen mit den Worten: „Herzlich willkommen. Sie werden von Frau Kahle gern erwartet“, obwohl geschwollene Redewendungen nicht zu ihr passen. Als sie dann erfährt, daß Dr. Kahle mit Familie nach Finnland übersiedeln soll, um dort ein Werk aufzubauen, und man sie bittet mitzukommen, lehnt sie das ab und gibt ihren Dienst in Mannheim sicherheitshalber alsbald auf.

Wieder daheim im Sönke-Nissen-Koog, stürzt sie sich wieder voll in die Arbeit. Es bleibt ihr keine andere Wahl. Alle Morgen um fünf Uhr bereits schleppen Christine und eine Helferin einen klobigen, zweirädrigen Karren, mit etlichen Milchkannen beladen, den oft aufgeweichten Kleiweg zum Nachbarkoog entlang, um dort die Kühe von

Das Halligshaus heute

Hand zu melken. Beim Rückweg mit den vollen Behältern liegen sie schräg in den Sielen, und schweißgebadet erreichen sie das Scheunentor, wo die Männer, gemächlich ihre Scheckpfeife rauchend, darauf warten, daß die beiden strapazierten Melkerinnen ihnen nunmehr das Frühstück servieren.

Wenn die Tassen abgeräumt sind, geht es in der Pflanz- und Erntezeit sogleich auf den Acker, und Christine wird mit hinausgeschickt, um beim Porree- oder Kohlpflanzen, bei der Rhabarber- oder Gladiolenernte ihren Mann zu stehen. Wer das Vergnügen gehabt hat, einmal Reihe um Reihe Porree zu pflanzen, jede einige hundert Meter lang, und das Tag für Tag in gebückter Haltung von morgens bis abends, der weiß, wie ein Rücken schmerzen kann. Christine hat elf Jahre lang alle Haus- und Feldarbeiten zu Hause durchgestanden, ohne dafür geldlich entschädigt zu werden.

Das Mädchen von der Hallig ist in ihrer Jugend vielen außergewöhnlichen Persönlichkeiten begegnet. Am Morgen des 7. August 1939 entsteigt Reichsfeldmarschall Hermann Göring dem Salonwagen seines Sonderzuges auf dem Bredstedter Bahnhof, um sich auf dem Hof Elisabethbay im Sönke-Nissen-Koog mit dem schwedischen Großindustriellen und Diplomaten Birger Dahlerus und einem Abgesandten der Regierung Englands zu treffen. Birger Dahlerus ist der Gatte Elisabeth Nissens, der Witwe des verstorbenen Sönke Nissens, nach welchem der Sönke-Nissen-Koog benannt ist. Diese Begegnung ist auf höchster Ebene anberaumt, um in letzter Minute den Ausbruch des letzten Weltkrieges zu verhindern.

Als die Nachricht vom Eintreffen Görings bekannt wird, pflückt Christine am Straßenrand einen Feldblumenstrauß und stellt sich allein an die Chaussee vor ihrem Elternhaus, um den hohen Herrn aus Berlin zu erwarten. Einhundert Meter von ihr entfernt steht, uniformiert in Reih und Glied, eine Abordnung des dortigen SA-Sturms. Doch Göring fährt an denen vorbei, aber bei Christine hält er an. In dem Augenblick aber ist sie derart verwirrt, daß sie kein Wort herausbringt und auch nicht weiß, wer von den Herren nun Göring ist. Erst als er sich lächelnd mit ein paar guten Worten aus dem offenen Wagen herausbeugt, übergibt sie die Blumen. – Görings Schwester verbringt alle Jahre mit ihren Kindern den Sommerurlaub im Elternhaus von Christines Mutter auf Hallig Gröde, und Christine hat ein gutes Verhältnis zu ihr. Dann legt auch wohl einmal der Feldmarschall mit seiner Luxusjacht auf Gröde an, um dort einige Stunden zu verweilen.

Das Diplomatengespräch im Sönke-Nissen-Koog kann den Krieg nicht mehr verhindern, denn Adolf Hitler will ihn, und nach wenigen Wochen marschieren deutsche Truppen in Polen ein.

In den letzten Augusttagen des Jahres 1939, meine im Sterdebüller Elternhaus verbrachten Sommerferien neigen sich ihrem Ende zu, radle ich noch einmal durch den Sönke-Nissen-Koog. Es muß als ein großer Zufall angesehen werden, daß Christine gerade in dem Augenblick den Plattensteig zur Straße hinabgeht, als ich an ihrem Elternhaus vorbeikomme. Wir gehen aufeinander zu und unterhalten uns nach langer Zeit einmal wieder miteinander, beide gleichermaßen überrascht und glücklich. Für den nächsten Tag wird eine gemeinsame Fahrt mit dem Schiff nach Hallig Gröde vereinbart. Doch dazu kommt es nicht wegen stürmischen Wetters. Und am übernächsten Tag reise ich zurück nach meiner Schule in Hinterpommern. Unsere Würfel sind noch nicht gefallen. Es muß noch viel geschehen, bevor wir endgültig zusammenfinden.

Anfang September unterhält sich Christines Mutter mit einer Frau aus Bordelum. Christine, im Flur nebenan beschäftigt, horcht plötzlich auf, denn mein Name fällt, und die Frau berichtet, daß ich gleich in den ersten Tagen des Polenfeldzuges schwer verwundet worden sei. Es trifft Christine wie ein Schlag, und ihr wird bewußt, wieviel sie von mir hält. Sie schwingt sich aufs Fahrrad, und voll innerer Unruhe fährt sie zu meiner Großmutter nach Bredstedt. Dort erfährt sie, daß das Gerücht nicht den Tatsachen entspricht, und sie ist erleichtert.

Während des Krieges lernt Christine das Kochen im Krankenhaus ‚Haus Quickborn' in Kiel. Obwohl sie die Jüngste des Küchenpersonals ist, wird sie von der Leiterin oft bevorzugt behandelt, was ihr bei den anderen weiblichen Lehrlingen Mißgunst und Intrigen einbringt. In den Bombennächten müssen Kranke und Personal den Keller des Hauses aufsuchen, was zu großen Gereiztheiten führt. Auch in Kiel hat Christine ständig Heimweh nach der Hallig und dem Koog.

Die Turbulenzen der ersten Kriegsjahre lassen mich nicht dazu kommen, an Christine zu schreiben. Erst im November 1941 geht vom ‚Fuchsbau‘ aus, einem jämmerlichen Unterstand in den Waldaihöhen vor Moskau, ein Brief an sie auf die Reise. Sie antwortet auch. – Sehr gefreut habe ich mich dann im nächsten Frühjahr, als ich im Schlauch des Kessels von Demjansk eine Karte aus Berlin von ihr erhalte. Je näher der herbeigesehnte Urlaub heranrückt, umso öfter schreiben wir uns. Am 14. Dezember 1942, nach achtzehn Monaten Fronteinsatz, ist es endlich soweit. Auf der Heimreise wäre ich beinahe noch in einer Bombennacht in Hamburg verschüttgegangen. Aber es bleibt bei Erschütterungen durch nahe Bombeneinschläge, wobei einem der feine Mörtel des provisorischen Kellergewölbes kühl in den Nacken rieselt, und am nächsten Morgen steht Christine mir gegenüber.

Das Wiedersehen ist auch diesmal wie ein Wunder. Denn warum trifft sie gerade in dem Augenblick bei meiner Großmutter in Bredstedt ein, als auch ich eben erst dort eingetroffen bin. Der erste Blick aus ihren Augen verrät mir, wie sehr sie sich freut und daß sie mir nach wie vor zugetan ist. Was liegt näher, als gleich für den nächsten Abend ein Stelldichein im Sönke-Nissen-Koog zu vereinbaren.

Wenn auch seit der ersten Begegnung beim Bändertanz etwas mehr als sieben Jahre ins Land gegangen sind, so hat all die Zeit über tief in uns doch eine Glut geglimmt, die sich jetzt neu entfacht. In der Trennung erfährt der Mensch am besten, was der andere ihm wert ist. Wie hätten wir uns sonst gleich am nächsten Abend dazu entschließen können, uns zu verloben.

Da meine literarische Begabung nicht ausreicht, in Worte zu fassen, wie schön eine Verlobung sein kann, wie doppelt schön, wenn man als Rußlandurlauber daheim ist, will ich hier nur bemerken, daß dieser Urlaub uns beiden viel zu schnell davoneilt. – Um den Abschied ein wenig hinauszuzögern, bringt Christine mich nach Hamburg. Aber auch dort werden die Augen naß, als ich den Urlauberzug zur Ostfront besteige und sie allein lassen muß.

Wer kennt nicht das Lied: ‚Stehn zwei Stern am hohen Himmel'.... bis hin zu: ‚Ach, was wird mein Schätzchen denken, daß ich bin so weit von ihr.' Von diesem Text inspiriert, zeige ich Christine im Verlobungsurlaub beim Spaziergang auf dem heimatlichen Deich, unter hohem Sternenhimmel, den winzigen Stern ‚Alcor', das Reiterchen, zusammen mit seinem dicht angrenzenden, helleuchtenden Nachbarstern in der Deichsel des großen Wagens am nördlichen Himmel. Man muß sich große Mühe geben, will man den winzigen Alcor am Himmel ausmachen. Wer aber seinen Platz kennt und dort lange genug suchend verweilt, wird meistens dadurch belohnt, daß er auf der Netzhaut erst den Stern gewahr wird, wenn er enttäuscht den Blick wieder von ihm abwendet. Erst dann nämlich fällt sein schwacher Schein auf wenig strapazierte und sehkräftige Zellen.

Alcor zu suchen und möglichst lange bei ihm zu verweilen, darauf kommt es mir an, wenn ich Christine nun bitte, an sternklaren Abenden zu vereinbarter Stunde zu den beiden Sternen aufzuschauen, wie auch ich es ihr verspreche zu tun, damit unsere Blicke sich dort dann treffen. – In der Tat, wir haben es in all den Jahren der Trennung, die bald folgten, so gehalten, und es war für mich außerordentlich tröstlich, dabei immer zu wissen: Jetzt ruht auch Christines Blick auf dem Sternenpaar.

In der Folgezeit suchen wir in Gedanken einander täglich. Im Gedächtnis verbliebene und streng gehütete Bilder aus schönen Urlaubstagen weisen uns den Weg. Unsere Briefe, am Ende sind es 750 an der Zahl, heute alle fein säuberlich geordnet und durchnumeriert, gehen fast täglich auf die weite Reise gen Osten oder gen Westen.

Zweimal ist es mir dann noch vergönnt, von Rußland aus in Urlaub zu fahren. 1943, um Hochzeit zu feiern; 1944 ein letztes Mal. Hochzeit heißt auf Mittelhochdeutsch ‚hochgezit' und auf Althochdeutsch ‚diu hoha gizit', was bedeutet ‚die hohe Zeit'.

In der Tat, wer Hochzeit feiern darf, wird hoch hinauf gehoben. Überglücklich begehen wir die kurzen Tage des Hochzeitsurlaubs. Und der folgende letzte Urlaub ist gewiß auch schön, aber schon völlig überschattet von dem ungewissen Ausgang des Krieges, so daß eine rechte, unbeschwerte Glückseligkeit wie zuvor sich nicht wieder einstellt. Wieder mal Abschied nehmen zu müssen, fällt Christine und mir diesmal besonders schwer – und es wird eine Trennung für viele Jahre.

Bisher gibt es einen Trost, unser stetiger Briefwechsel. Längst haben wir einen Code ausgemacht, der weder vom Russen noch von deutschen Schnüfflern zu entschlüsseln ist. Stets weiß Christine, wo mein Aufenthalt ist, und auch sie läßt Brisantes aus der Heimat kodiert in ihre Brieftexte einfließen. Für alle Fälle vereinbaren wir, im Postamt Ripen in Dänemark ein Privatfach für postlagernde Briefe einzurichten.

1944 sind auf Christines Elternhof sechzig jugendliche Polen einquartiert. Sie liegen im Stall auf Stroh und müssen tagsüber am Panzergraben im Louisenkoog arbeiten. Bald stellt es sich heraus, daß täglich eine Verpflegungsportion fehlt bei einer sowieso recht erbärmlichen Zuteilung. Einer geht immer leer aus. Als Christine daraufhin bei der Verteilungsstelle vorspricht, um dieses abzustellen, kommt ein Braununiformierter ins Haus und warnt ihre Mutter, Christine solle sich nicht um Angelegenheiten kümmern, die sie gar nichts angingen, andernfalls könne sie selbst eine Zeitlang am Panzergraben mitarbeiten.

Auch russische Kriegsgefangene, die in der Landwirtschaft helfen, wohnen im Stall. In der Gurkenzeit versorgen diese sich mit grünen Gurken aus dem Garten und dürfen es auch, zwei von ihnen aber essen so viel davon, daß sie schwer erkranken. Der eine stirbt unter furchtbaren Qualen. Den anderen kann Christine noch retten, indem sie ihn tagelang nur mit Zwieback versorgt.

Es ist für sie eine Selbstverständlichkeit, die hungernden Arbeitssklaven aus Polen und Rußland jeden Abend mit Pellkartoffeln und Milchsoße so reichlich zu versorgen, daß sie satt werden und ihre nächtliche Ruhe finden. Sie tut es, obwohl auch das verboten ist und schwer bestraft wird.

Je länger der Krieg dauert, um so mehr wird die Bevölkerung von der Parteiführung überwacht und mitunter auch drangsaliert. Kurz vor Kriegsende gerät auch Christines Mutter unter diesem Aspekt in Not, aber ihr Bruder Johannes auf Gröde besinnt sich auf sein gutes Verhältnis zur Familie des Reichsfeldmarschalls, bittet letzteren um Beistand, und es geschieht das Kuriosum, daß Hermann Göring seinen persönlichen Rechtsanwalt in den Sönke-Nissen-Koog schickt, um Christines Mutter beizustehen. Innerhalb weniger Tage hat dieser Abgesandte aus Berlin den Rechtsstreit mit der NSDAP-Kreisleitung in Husum zu Christines Mutters Gunsten beendet.

In vertraulichen Gesprächen bei Spaziergängen am Außendeich mit diesem Herrn ist es Christine vergönnt, ein wenig hinter die Kulissen der politischen Bühne zu blicken, und sie ist verblüfft und erschreckt zu erfahren, was sich dort abspielt. Ein erhaltener Bildband über das damalige Berlin erinnert sie heute noch an diese ungewöhnlichen damaligen Gespräche mit einer eingeweihten, hochgestellten Person, der düster in die Zukunft blickt und den ungünstigen Ausgang des Krieges voraussieht. Erstaunlicherweise wird sie von ihm unter dem Siegel der Verschwiegenheit in Dinge eingeweiht, die sie prägen und ihren Gesichtskreis über Hallig und Koog hinaus erweitern.

Nachdem der Russe zu Beginn des Jahres 1945 uns aus seinem Land hinausgetrieben hat, kapitulieren am 8. Mai 1945, auf der äußersten Spitze der Halbinsel Hela zusammengedrängt, die letzten kläglichen Reste unserer einst so stolzen 32. Infanteriedivision, die von Anfang bis Ende des Rußlandfeldzuges unaufhörlich in vorderster Front im Einsatz war. Wir gehen in Gefangenschaft. Plötzlich sind sie da, die braunen Gestalten, überall unter uns gemischt, und überall heißt es ‚Urr iäst? Dawai Urr!‘ Ihre Unterarme sind mit lauter Armbanduhren dekoriert, und auch die goldenen Trauringe werden den Deutschen massenweise abgenommen. Als vergeblich versucht wird, meinen Ring, der Christines Namen trägt, vom Finger zu ziehen, habe ich großes Glück, einen humanen Russen vor mir zu haben, der nicht, wie es auch passiert ist, kurzerhand eine Kneifzange aus der Tasche zieht und den Finger abkneift, um an seine Beute zu gelangen.

Für die Angehörigen daheim beginnt nun eine schlimme Zeit, denn die Ungewißheit über das Schicksal ihrer Lieben bedrückt sie sehr. Man wartet auf ein Lebenszeichen, auf eine Nachricht, man kann es, alle Tage neu, kaum abwarten, ob der Postbote wohl etwas bringen wird. Jeden Morgen kommt der Postbote durch den Koog, jeden Morgen erwacht man mit neuer Hoffnung, jeden Morgen ist man geknickt und verzweifelt, wenn er vorbeigeht. Aber morgen ist wieder ein Tag, und man darf hoffen. Wieviel seelische Not haben die wartenden Frauen, Mütter, Bräute ertragen müssen. Wie viele haben bis an ihr Lebensende gehofft, geweint, gewartet. Wer denkt heute noch an sie und ihre große Not? Einige warten immer noch, es könnte ein Wunder geschehen – arme Frauen, Mütter, Bräute. Christine erhält am Morgen des ersten Januar 1946, an einem Feiertag also, einen telefonischen Anruf aus dem Bredstedter Postamt, sie möge gleich kommen und eine Gefangenenpostkarte aus Rußland in Empfang nehmen. Für diese Geste mitmenschlicher Verbundenheit sei dem Bredstedter Beamten oder der Beamtin noch heute gedankt! Es geht wie ein Lauffeuer durch die Gegend, das erste Lebenszeichen von einem Gefangenen ist in Bredstedt eingetroffen, und alle Wartenden sind ein wenig von ihrer Angst befreit und dürfen nun auch hoffen.

Obwohl die Karte nicht von mir persönlich geschrieben und unverkennbar ihr Inhalt vom Russen diktiert wurde, ist Christines Freude überaus groß, denn ich lebe. Sie darf nun wieder hoffen, sich in der Phantasie ein Wiedersehen ausmalen; sie darf wenn auch zaghaft, an unsere gemeinsame Zukunft denken. Das Leben ist für sie mit einem Mal wieder schön und lebenswert. Sie sendet die angeheftete Antwortkarte an mich zurück. Wie habe ich mich gefreut, als der NKWD-Offizier mir ihre Karte vor Augen hält und ich ihre liebe Handschrift erkenne. Im nächsten Augenblick aber läßt er sie gleich wieder in seiner Akte verschwinden und setzt mich schwersten Repressalien aus, von denen Christine, Gott sei Dank, nichts weiß.

Nach diesem ersten Lebenszeichen wird das Warten auf Post und die damit verbundene Tortur nun über lange Jahre nicht mehr von Christine abgenommen. Der Postbote im Koog, der jeden Vormittag auf dem Rade angefahren kommt, ist Herr Paysen aus Breklum. Es ist rührend zu berichten, wie sehr ein Postbote mit in die Not der wartenden Frauen hineingezogen wird. Christine weiß genau, wenn Paysen lange auf sich warten läßt, dann hat er auch keine Rußlandpost für sie dabei, wenn er aber recht frühzeitig ins Haus kommt, weil er sich außerordentlich beeilt hat, dann hüpft Christine schon, bevor sie die Karte in der Hand hält, das ‚Herz vor Freude im Leibe', – und Paysens Gesicht strahlt bei der Aushändigung.

Post von mir trifft nur spärlich ein, und mitunter muß Christine lange Monate vergeblich warten. In ihrer Not und Ungewißheit über unser beider Schicksal sucht sie eines Tages, obwohl es ihrem inneren Wesen total widerspricht, eine Wahrsagerin in Dithmarschen auf, um sich die Zukunft voraussagen zu lassen.

Als sie bei der Wahrsagerin ein geräumiges Zimmer betritt, steht eine große Dame, etwa fünfzig Jahre alt, blaue Augen, üppiges blondes Haar, im Nacken zu einem Knoten gebunden, die Arme am Rücken verschränkt haltend, vor ihr und lehnt sich gegen einen großen, grünen Kachelofen. Als Kind kam die Frau eines Tages in die Mühle ihres Vaters, zeigte auf einen Sack unter vielen und sagte: „Unter diesem Sack ist ein Loch im Holzfußboden, und das Mehl darin ist voller Würmer", was andere nicht erkennen konnten. Es entsprach aber der Wirklichkeit.

Die Wahrsagerin bittet Christine, etwa vier Meter von ihr auf einem alleinstehenden Stuhl in der Mitte des Zimmers Platz zu nehmen, ihr ins Gesicht zu blicken und kein Wort zu sagen.

Schweigend und mit ernstem Blick mustert sie Christine dann einige Augenblicke lang, bevor sie, dabei längere Pausen einlegend, sehr langsam und mit sanfter Stimme zu sprechen anfängt: „Sie wohnen in einem großen Hause. Wenn Sie aus ihrem Schlafzimmerfenster blicken, sehen

Sie am Horizont einen hohen schlanken Schornstein. Ihr Mann lebt weit von Ihnen entfernt. Er ist größer als Sie, breitschultrig, hat blondes Haar und ist sehr sangesfreudig. Es wird noch lange dauern, bis er heimkommt. Aber er kommt eines Tages heim. Dann werden Sie zwei Kinder bekommen. Ihre Ehe ist gut und wird immer gut bleiben."

Diese Worte machen auf Christine großen Eindruck, und sie glaubt fest an ihren Wahrheitsgehalt, dennoch steht beim Verlassen des Zimmers für sie fest, daß sie nie wieder zu einer Wahrsagerin gehen wird.

Mochten sich die nun bald folgenden ‚Hiobsbotschaften' über das Schicksal ihres Mannes auch häufen, es warf sie nicht um, denn immer klangen ihr die Worte der Wahrsagerin in den Ohren: ‚Aber er kommt eines Tages heim'.

Bald danach stellt sich die erste Schreckensnachricht prompt ein. Hans Ebsen aus Ockholm kommt zu ihr und erzählt, daß ein Heimkehrer angekommen sei, der noch vor wenigen Wochen mich gesehen habe. Diesem habe ich in der Tat Grüße an Christine aufgegeben, als ich erfuhr, daß er nach Ockholm entlassen werde. Es war mein deutscher Brigadier in dem berüchtigten Steinbruchlager Kikorino bei Leningrad. Er dachte aber gar nicht daran, die Grüße zu bestellen. Im Gegenteil, er erzählte überall in der Gegend, daß ich zusammen mit einer Gruppe Gefangener, die die NKWD, die russische geheime Staatspolizei, in ihren Klauen halte, in seinem Lager eingetroffen sei, um Wiedergutmachung abzuleisten, und ich würde gewiß so bald nicht freigelassen werden.

Im Steinbruch saß dieser Mensch, der nichts Menschliches an sich hatte, den ganzen Tag in seiner Bude, beobachtete durch eine riesige Glasscheibe, ob wir wandelnden Skelette auch richtig in den Sielen lägen, wenn wir die mit schweren Gesteinsbrocken beladenen Kipploren den Berg hinaufzogen, um sie am Verladeplatz abzukippen. Er bezog eine gute Löhnung, war Freund der Russen, tat selbst keinen Handschlag und speiste wie ein Fürst. Mir hat dieser verschlagene Typ der Gattung homo sapiens viereinhalb Jahrzehnte lang schwer ‚im Magen gelegen', und ich empfinde es heute als Erleichterung, wenn ich dieses über ihn schreibe. ‚Das Wort erlöst', es söhnt aus, denn man kann mit verkapptem Haß im Herzen nicht leben.

Als Christine ihn sofort aufsucht, fällt es ihm im Traum nicht ein, meine Grüße zu bestellen, er redet wirres Zeug und kann ihr dabei nicht in die Augen sehen. Tief traurig, schwer enttäuscht und seelisch ganz zerschlagen kehrt Christine nach Hause zurück.

Einige Tage später begibt sie sich wieder nach Ockholm, um dort in einer Baracke alte Bettlaken, die zu Kinderwindeln zerschnitten werden sollen, abzugeben. In dem Zimmer, das sie ansteuert, hält sie sich öfter auf, denn dort haust eine Frau ihres Alters, die auf der Flucht aus dem Osten fünf kleine Babys aufgegriffen hat und hier betreut. Der Raum wird notdürftig beheizt mit einem kleinen, eisernen Ofen, der gleichzeitig als Kochherd dient. Auf einer Bank aufgereiht stehen fünf Margarinekisten mit den fünf Kleinkindern. Christine beugt sich zu jedem Kindchen hinab, betätschelt die kleinen Wesen und redet ihnen gut zu. Einige bleiben erstarrt, teilnahmslos liegen, mit weit geöffneten traurigen Augen und verziehen keine Miene. Ein anderes Kind aber fängt an mit den Ärmchen zu schlagen und ein strahlendes Lächeln fliegt über sein Gesicht, was bewirkt, daß Christine es aus der Kiste zu sich emporreißt und an sich drückt. In dem Augenblick geht die Tür auf, und wer kommt herein? Der Frühheimkehrer aus Kikorino! Als der Christine erkennt, blickt er beschämt zur Seite und verläßt augenblicklich wieder den Raum. – Was die beiden Frauen dann miteinander sprechen, ist mir nicht bekannt. Ich weiß nur, daß die Frau zusammen mit ihrem Mann Ockholm nach kurzer Zeit für immer verlassen hat. Wo mögen die Babys geblieben sein?

Es vergehen wieder einige Monate. Christines Augen haben das Lachen verlernt. Harte Arbeit, wo auch immer, um abends sehr müde zu sein, hilft am besten, traurige Gedanken zu verscheuchen und nachts Schlaf zu finden. Wenn sie irgendwo eingeladen wird, sitzt sie wortlos und hilflos unter den munteren Gästen. Sie ist viel zu feinfühlig, um nicht zu merken, daß die anderen, die Fröhlichen und Lauten, die Satten und Lauen, von denen geschrieben steht, ‚Wer nie sein Brot mit Tränen aß, wer nie in kummervollen Nächten auf seinem Bette weinend saß, der kennt euch nicht, ihr himmlischen Mächte‘, mitleidige Blicke auf sie werfen, aber ist dieses Mitleid nicht eine bessere Regung für Verachtung, wie Nietzsche es ausgedrückt hat? Es tut ihr eher weh, als daß es ihr hilft.

Einige Frauen tragen das gleiche Schicksal wie sie, und es kommt vor, daß Christine von diesen gesagt wird: „Unsere Männer kommen nicht wieder. Wir werden uns nach einem anderen umsehen müssen.“ Für eine solche Bemerkung und Haltung hat Christine keinerlei Verständnis. Das hat zur Folge, daß sie nicht mehr aus dem Hause geht. Für sie steht fest, daß ihr Mann zurückkommt, weil sie es innerlich fühlt und die innere Gewißheit hat. Ihr Glaube daran läßt sie durch nichts erschüttern. Allein sein ist für sie heilsam, Weinen tröstlich.

Eines Morgens in aller Frühe, als sie zum Hühnerstall geht, fällt ihr auf, daß im Nachbarhause in völlig ungewohnter Weise alle Zimmer erleuchtet sind. Ihr kommt sofort der Gedanke: ‚Jetzt ist der Mann der Heimatvertriebenen über Nacht heimgekommen.‘ Und so ist es. Die nächsten Minuten steht Christine, an die kalte Stallmauer gelehnt, und weint und weint. Plötzlich steht ihre Mutter hinter ihr, legt die Hand auf ihre Schulter, schüttelt diese hin und her und sagt, dabei selbst in Schluchzen ausbrechend: „Ick kann un kann dat nich mehr mit ansehn, dat du immer weenst“, ihre Mutter, die nach außen hin immer so eine kalte, beherrschte ‚Schale‘ hat, im Innern aber außerordentlich feinfühlig ist und so viel von Christine hält. „Du schast nich immer weenen!“

Gegen Ende des Jahres 1949 bekommt Christine einen Brief von Paul Sempert aus Oldenburg mit der Bitte, sie möge ihn aufsuchen und meinen Vater mitbringen, denn er sei vor wenigen Wochen noch mit mir zusammengewesen.

Paul war mein Arbeitskollege in einem Betonwerk in Rostow.

Wir beladen dort wochenlang in der Nachtschicht Kipploren mit Sand und schieben diese zum Mischgerät. Paul hat vor dem Krieg Kohlen geschaufelt, und mit größter Selbstverständlichkeit schaufelt er für den abgemagerten Schullehrer an der anderen Seite der Lore mit. Wenn seine Seite schon so hochbeladen ist, daß nichts mehr hineingeht, ist an meiner Seite noch nichts vom Sand zu sehen. Aber Paul schaufelt im selben Tempo weiter, bis die Lore voll ist.

Einmal rettet er mir das Leben. Ich soll mit schweißnassen Händen am Mischgerät einen eisernen Hebel herumwerfen, bleibe aber daran hängen, ohne die Hände lösen zu können, weil er unter Strom steht. Paul springt zu und reißt mich los. ‚Wer den Kameraden fand, der griff die Sonne mit der Hand.'

In Oldenburg angekommen, ist Paul sehr ernst und erzählt Christine, daß er sie grüßen soll und daß es mir den Umständen nach gutgeht. Meinen Vater aber nimmt er beiseite und teilt ihm mit: „Conni hat mich an sein vergittertes Fenster rufen lassen, hält beide gespreitzten Hände vor die Augen und sagt: ‚Ich bin zum Tode verurteilt und zu 25 Jahren Zwangsarbeit begnadigt. Fahre, wenn du heimkommst, zu Christine und sage: Ich gebe sie frei'." Mein Vater hat diese Schreckensnachricht aber nicht an sie weitergegeben, sie ganz für sich behalten und schwer daran getragen. An seinem Verhalten aber spürt Christine, daß man ihr etwas verheimlicht, und traurig gestimmt fahren beide wieder nach Hause.

Stalin, Roosevelt und Churchill haben vereinbart, bis zum 31. Dezember 1949 alle Kriegsgefangenen zu entlassen, jedoch mit der Einschränkung, daß Stalin 50 000 Deutsche in seinem Land behalten darf zur Wiedergutmachung der Schäden, die die Deutschen Rußland zugefügt haben. Daraufhin setzt in den Monaten November und Dezember 1949 eine Verurteilungswelle ein, die vor allem die noch verbliebenen Angehörigen der 32. und 30. Infanteriedivision trifft. Im Schnellverfahren wird alle drei Minuten einer verurteilt, alle zu 25 Jahren Zwangsarbeit, und diese brauchen dann nicht entlassen zu werden. In dem Buch ‚Meine Universitäten' berichte ich ausführlich über diese Prozesse. – Jeder in Deutschland weiß also, daß alle, die bis zum 31. Dezember 1949 nicht heimkehren, zu 25 Jahren verurteilt sind. Auch Christine weiß es.

Zu dieser seelischen Not kommt die materielle, sie macht sich Gedanken um ihre Zukunft. Ihr wird für ihre Arbeit im Elternhaus immer noch kein Lohn gezahlt. Und obwohl ihr Mann als Lehrer in Ostpommern festangestellt war, erhält sie als Lehrerfrau keinerlei Versorgung vom Staat. Sie gilt als die Frau eines Flüchtlings, obwohl ich gebürtiger Friese bin und man mich nach Beendigung des Studiums in Kiel, wie alle anderen meines Jahrgangs in den Osten abkommandiert hat. Der Dank des Vaterlands ist dir gewiß!?

Es steht im Sönke-Nissen-Koog die Zeit bevor, daß der elterliche Hof in die Hand des jüngsten Bruders übergeht.

Dann wird Christine den Hof verlassen müssen. Eine beherzte Frau in Bredstedt gibt ihr den Rat: „Gehe lieber als Toilettenfrau auf einen Rheindampfer, aber verdinge dich nicht, um irgendeinem den Haushalt zu führen."

Eines Tages begehrt Christine ihrer Mutter gegenüber auf, wenigstens ein paar Möbelstücke als Aussteuer für sie zu besorgen, sonst hätten sie und ihr Mann, wenn er denn nach etlichen Jahren eines Tages doch noch heimkehren würde, nicht einmal ein Bett, um sich schlafen legen zu können. Daraufhin wird das notwendigste Inventar angeschafft und irgendwo abgestellt.

Als ich zu Beginn des Jahres 1950 nicht heimkehre, bricht in Christine eine Welt zusammen, denn alle ‚Unkenrufe', natürlich nur hinter vorgehaltener Hand vorgebracht, scheinen sich zu bewahrheiten. Trotz allem sucht Christine Abend für Abend mit ihren Blicken die beiden Sterne im großen Himmelswagen auf, weil sie weiß, daß auch ich das Gleiche tue, und jedesmal sagt dann eine innere Stimme in ihr: ‚Er kommt wieder zu mir zurück, er kommt wieder.' Sie glaubt so fest daran, malt sich Einzelheiten des Wiedersehens aus und wird innerlich erleichtert und getröstet. Sie nimmt gewissermaßen das überaus große Glück des Wiedersehens in der Phantasie voraus und wird mit diesen Tagträumen wunderbar beschenkt.

Mit sechzehn Jahren besuchte Christine eine Theatervorstellung in Kiel. Das Stück hieß: ‚Die Heimkehr des Matthias Bruck'. Es kehrt darin nach langen Jahren ein Gefangener aus dem Ersten Weltkrieg heim, und seine

Frau hat einen anderen geheiratet. Was sich zwischen den beiden an seelischer Qual abspielt, hat Christine bis auf den heutigen Tag nicht vergessen. Diese Theatervorführung ging ihr als jungem Mädchen so sehr zu Herzen, daß sie sich heute noch an alle Einzelheiten erinnert. In ihrer eigenen Not, als sie auf die Heimkehr ihres Mannes wartet, hätte Christine auch das Schicksal der jungen Frau ereilen können, wenn sie nicht treu geblieben wäre. In der Schule haben wir gesungen: ‚Grünet die Hoffnung, halb hab' ich gewonnen, blühet die Treue, bald hab' ich gesiegt.'

Und so kommt es auch für Christine. Ende März 1950 kommt ein General aus Moskau in das Strafgefangenenlager in Rostow am Don, wo lauter Verurteilte zusammengezogen sind. Wir werden in den Speiseraum beordert, und der General führt aus: „Ihr seid Verurteilte und habt Berufung eingelegt. Die russische Regierung hat die Berufung überprüft und es für möglich befunden, Euch nach Hause zu schicken. Zeitpunkt der Abreise ist der 20. April."

Ein Freudengeheul erfüllt den Raum. Die Verurteilten fallen sich in die Arme und Tränen fließen. Eben erst zu 25 Jahren Zwangsarbeit verurteilt und nach vier Monaten begnadigt und entlassen! Die Welt ist voller Wunder! Die Erfüllung einer seit vielen Jahren gehegten Hoffnung steht nun plötzlich unmittelbar bevor. Jetzt gilt es, Nerven zu behalten und vor Freude nicht den Verstand zu verlieren. In der Phantasie malt man sich die Heimkehr, das Wiedersehen aus, und solche Vorstellungen lassen einen in der Nacht den Schlaf nicht finden.

Überglücklich fahren wir alsbald in offenen Güterwagen gen Westen durch die unendlich weite Steppe Südrußlands, bei Tag und Nacht, unentwegt westwärts – und die Räder rattern: ‚heim, heim, heim – heim, heim, heim'. Zum erstenmal haben wir einen Blick für die Schönheit der Landschaft, für den Mond am nächtlichen Himmel. In langen Jahren ist das Land unser Land geworden, und was sich an Ressentiments in uns angesammelt hat, schmilzt in sich zusammen und macht einem Gefühl der Versöhnung, des inneren Ausgesöhntseins Platz. Wem es vergönnt ist, so etwas erleben zu dürfen, hat in seinem Menschsein einen großen Schritt nach vorne gemacht.

Als in Friedland nach den ersten Schritten auf westdeutschem Boden eine Krankenschwester mir zwei gekochte Eier in die Hand gibt, setze ich mich in den Straßengraben, und zum erstenmal nach langen Jahren findet ein ‚Danke' seinen Weg nach oben.

Meine Mutter hat mit mir als Kind regelmäßig vor dem Einschlafen gebetet, so war es auch bei Christine. Während des ganzen Krieges aber finden meine Gedanken nicht den Weg nach oben, doch das Vertrauen auf eine höhere Macht liegt seit der Kindheit wie ein sicherer Anker tief in mir drin und läßt einen nicht abgleiten in Angst und Verzweiflung. Beten zu können, Glauben zu haben, Glauben wiedergefunden zu haben und glauben zu dürfen, ist Gnade, nichts als Gnade.

Auf der Heimreise wird von Göttingen aus ein Telegramm an Christine aufgegeben: ‚Heute abend bin ich bei Dir, Nene'.

Als die Bredstedter Telefonistin diesen Text an Christine weitergibt, wird diese regelrecht von einem Schock befallen. Die Beine versagen den Dienst, sie sinkt hin auf einen Stuhl und kann weder lachen noch weinen. Es dauert eine ganze Weile, bis ihr die Freudentränen aus den Augen rinnen, Tränen tiefer Ergriffenheit. Sie taumelt in die Küche zu ihrer Mutter, die auch wortlos auf einen Stuhl hinsinkt und nichts sagen kann, sie taumelt weiter in die Scheune zum Stiefvater, der wendet sich ab und fängt wie ein Kind an zu weinen. Sie öffnet ihren Schrank, reißt Kleidungsstücke heraus und zieht sie an, ob sie zueinander passen oder nicht. Ihr Bruder holt das schnellste Pferd aus dem Stall, spannt es vor einen zweirädrigen Wagen und jagt mit Christine den Sterdebüller Deich entlang zu meinen Eltern. Mein Vater auf dem Felde, der seit dem Besuch bei Paul Sempert die Nachricht „25 Jahre" als eine schwere Last mit sich rumschleppt und seines Lebens nicht mehr froh werden kann, schmeißt alles hin und rennt nach Hause. Da sitzen nun alle wie gelähmt in der Küche und können es einfach nicht fassen, was Christine ihnen erzählt.

Man bricht sofort nach Bredstedt auf, um doch ja den Zug nicht zu verpassen. Obwohl ich erst spätabends eintreffen kann, läuft Christine nach jedem Zug, der von Süden her eintrifft.

Ich selbst sitze im Zug und fahre von Hamburg nach Bredstedt, aber kann nicht mehr sitzen. Immer wieder stehe ich vor dem Spiegel in der Toilette und setze meine nagelneue russische Pelzmütze auf und ab, um herauszufinden, was mir am besten steht. Im Hinblick auf meinen kahlgeschorenen Kopf entschließe ich mich, die Mütze zu tragen und möglichst tief über die Ohren zu ziehen.

Der Zug hält. In einiger Entfernung erkenne ich Christine. Sekunden später liegen wir uns in den Armen und bringen, in Tränen erstickt, kein Wort über die Lippen. Sie nimmt mich bei der Hand und zieht mich durch die Bahnhofshalle, wo Vater und Mutter unter den Wartenden ganz vorne stehen, ohne daß ich sie gewahr werde.

Als wir nun wenig später alle in einem Zimmer zusammensitzen, ist die Stimmung aller Beteiligten gedämpft. Jeder ist zu sehr mit sich selbst beschäftigt, um ungehemmt fröhlich sein zu können. Vor allem ich finde mich nicht zurecht in der neuen Situation und Umgebung, es ist, als ob wir alle eine andere Sprache sprächen. Die gestellten Fragen tun mir weh und werden gar nicht oder nur stockend beantwortet. Es fällt mir unendlich schwer, mich wieder in alte Gewohnheiten hineinzufinden, und selbst den nächsten Angehörigen gehe ich am liebsten aus dem Wege. Christine aber nimmt sich meiner an. Wir sind so gut zueinander wie am ersten Tag unserer Begegnung, so besorgt umeinander wie vor der langen Trennung. Nur die Zeit kann meinen kranken Körper und das hart angeschlagene Gemüt heilen. Doch Christine hat es geschafft, mich wieder gesundzumachen und zurückzuholen in die normale Welt, wenn auch viele Monate darüber ins Land gegangen sind.

Bereits am 1. August 1950, im Grunde viel zu schnell, erhalte ich eine Anstellung an der Breklumer Schule. Wenig später ruft Bürgermeister Ernst Christiansen aus Sollwitt mich an und sagt: „Wir im Gemeinderat haben Ihre Frau und Sie eben als Schulleiterehepaar für unsere neue Schule gewählt, die am 1. November eröffnet wird. Bedingung aber ist, Sie müssen versprechen, lebenslänglich bei uns zu bleiben.“ Wir beide haben sofort eingewilligt und unser Versprechen bis heute gehalten. Es hat uns nie leid getan, im Gegenteil, wir haben uns hier immer außerordentlich wohl gefühlt, denn Sollwitt ist eine sehr schul- und lehrerfreundliche Gemeinde. Für meine Schule und die Schulkinder habe ich alle Jahre getan, was ich konnte, und Christine war mir stets eine unentbehrliche treue Helferin.

Seitdem wir 1970 unser Haus in Sollwitt gebaut haben, mit dem weiten Blick übers grüne Feld, über Moor und Wald, sind wir ‚op unse ole Doge‘ mehr als zufrieden und glücklich und wollen mit keinem auf der Welt tauschen.

Jens-Otto und Anne-Katrin, unsere beiden Kinder, haben uns stets das Leben verschönt und viel Freude bereitet, und sie tun es noch. Sehr viel verbindet uns auch mit unseren sieben Enkelkindern, und wenn sie uns besuchen, sind wir immer sehr glücklich. Unser Verhältnis zu Schwiegertochter und Schwiegersohn ist außerordentlich gut.

Christine im Zug in Italien

Wer hätte je gedacht, daß das Alter so schön sein würde. Wir beide genießen regelrecht unseren Alltag, von morgens bis abends. Wir freuen uns an jedem Morgen neu, wenn wir zusammen beim Frühstück sitzen. Wir freuen uns in diesen Tagen auf die nun wieder beginnende Arbeit in unserem schönen Garten und am Teich. Unendlich viele Blumen sprießen überall hervor: nicht nur Tausende in unserem Garten, nein, auch auf dem Schulgrundstück und am Wege zur Schule hat Christine gepflanzt und gepflanzt. In den Dorfgärten wachsen Ableger von ihren Blumen und Ziersträuchern. Und das Pflanzen der jungen Frauen nimmt kein Ende, weil sie bei uns sehen, wieviel Freude ein schöner Garten bereitet.

Alle vierzehn Tage kommen abends dreizehn Frauen ins Haus zum Singen. Dadurch bleibt ein enger Kontakt zum Dorf bestehen. Wir fühlen uns auch den jüngeren Ehepaaren verbunden. Und Christine geht dort ein und aus. Im Oktober 1986 war es uns vergönnt, eine schöne Reise nach Thailand zu machen. Jens-Otto hatte diese für seine Hohner Kirchengemeinde organisiert. Uns wurde der Blick geöffnet für die weite, schöne Welt und für andere Kulturen und Religionen. Mit großer Ehrfurcht begegnen wir heute dem Buddhismus und sind in Glaubensfragen tolerant geworden. Ein thailändisches Ehepaar hat sich besonders um uns bemüht. Es war früher von der Kieler Universität aus über Weihnachten unser Gast gewesen. Bei der Begrüßung in Bangkok fiel die Frau Christine um den Hals mit den Worten: „Oh, meine deutsche Mutti!“

Christine mit ihrer Familie: Tochter Anne-Katrin, Sohn Jens-Otto und Ehemann Cornelius Jensen

In jedem Jahr gönnen wir uns einen Aufenthalt in Morsum auf Sylt. Wir lieben diese Insel in ihrer ganzen Vielfalt. Dennoch: ‚Nord, Ost, Süd, West – to Hus is best.'

Mag sein, daß uns Alten keine Goldstücke mehr auf den Weg gestreut werden. Dafür aber jede Menge guter, gediegener Pfennige. Wir sind zu Pfennigsuchern geworden, zu ‚Penningsöker', wie man die Schafe nennt auf dem kargen Gras der Hamburger Hallig. Wir sind bescheiden geworden in unseren Erwartungen und Ansprüchen, mit denen wir in unsere Tage hineingehen. In dieser Bescheidenheit liegt unser Reichtum und die eigentliche Erfüllung des Lebens.

‚Staunende, Dankende, Liebende leben gesegnet.' Man staunt, so alt werden zu dürfen. Warum ist gerade uns das beschert? Warum geht es gerade uns so gut? Warum wurden gerade wir mit Kindern und Enkelkindern gesegnet? Warum durften Christine als Frau und Mutter und ich als Lehrer so viel Lebenserfüllung ernten? Wer so fragen kann, ist dankbar. Das Dankenkönnen aber ist der eigentliche Schlüssel zum Glück.

Und was wäre ein Leben ohne Liebe, ohne die abgeklärte Liebe des Alters. Alle Feuer brennen nicht mehr so heiß, aber sie brennen immer noch. Eine gute Ehe ist nun mal wie ein ewiger Brautstand, und was verbindet und glücklich macht, ist täglich neu. Wohl muß dieses Glück geschmiedet und herbeigehämmert werden, aber auch Alte dürfen den Hammer nicht aus der Hand legen. Der alte Goethe sagte: ‚Und hast du's so lange wie ich getrieben, versuche wie ich, das Leben zu lieben.' Und Keller schreibt in seinem Abendlied: ‚Trinkt, o Augen, was die Wimper hält, von dem goldenen Überfluß der Welt.‘ In diesem weitesten Sinne sind wir Alten zum Lieben bestellt, Tag für Tag, immer neu. ‚Staunende, Dankende, Liebende leben gesegnet.‘ Segen aber bedeutet Ausgesöhntsein, Getragensein und Geborgensein in der einen guten Hand, die alles trägt und hält.

Mit Blick auf Christine sei zum Schluß noch einmal gesagt: ‚Treue währt am längsten.‘

Ich danke Dir, mein Mädchen von der Hallig.

Cornelius Jensen

Meine Universitäten

Elf Jahre Krieg und
Gefangenschaft in Rußland

Die Husumer Nachrichten vom 11. Mai 1992:

„(tl)...Vorrangig handelt es sich in dem Buch um Kriegsschauplätze der Pommeraner und Schleswig-Holsteiner. Inhaltlich ausgewogen werden die Kriegshandlungen der Deutschen und Vergeltung der Russen aus Sicht des Autors aufgearbeitet und die eigenen Erlebnisse dokumentiert. Die Jahre der Gefangenschaft tauchen den Leser in ein Wechselbad von Hoffnungen, Verzweiflungen, von Niedergeschlagenheit und Überlebenswille, von Depressionen und Lichtblicken, von Konfrontationen mit Hunger, Erniedrigung und dem Tod, in unregelmäßiger Reihenfolge. Junge und alte Menschen griffen bereits nach dem Buch - und wurden gefesselt ...

Siegfried Lenz schrieb in seinem Band ‚Wir stimmten darin überein, daß Schreiben auch ein Handeln ist gegen das Vergessenwerden. Vergessen ein zweiter Tod...' "

Vierte Auflage 1994, 141 Seiten; Verlag Cornelius Jensen, 25884 Sollwitt, Ruf 04843-651; Fax 04843-2640. ISBN 3-9804356-0-1